边玩边学丛书

BIANWAN BIANXUE
CONGSHU

边玩边学历史

本书编写组◎编

孙建蕊　荀燕洁等◎编著

世界图书出版公司

广州·北京·上海·西安

图书在版编目（CIP）数据

边玩边学历史／《边玩边学历史》编写组编．— 广
州：广东世界图书出版公司，2010.4（2024.2重印）
ISBN 978 – 7 – 5100 – 1983 – 8

Ⅰ．①边…　Ⅱ．①边…　Ⅲ．①世界史－青少年读物
Ⅳ．①K109

中国版本图书馆 CIP 数据核字（2010）第 049893 号

书　　名	边玩边学历史
	BIAN WAN BIAN XUE LI SHI
编　　者	《边玩边学历史》编写组
责任编辑	韩海霞
装帧设计	三棵树设计工作组
出版发行	世界图书出版有限公司　世界图书出版广东有限公司
地　　址	广州市海珠区新港西路大江冲 25 号
邮　　编	510300
电　　话	020–84452179
网　　址	http://www.gdst.com.cn
邮　　箱	wpc_gdst@163.com
经　　销	新华书店
印　　刷	唐山富达印务有限公司
开　　本	787mm×1092mm　1/16
印　　张	13
字　　数	160 千字
版　　次	2010 年 4 月第 1 版　2024 年 2 月第 4 次印刷
国际书号	ISBN　978-7-5100-1983-8
定　　价	59.80 元

"光辉书房新知文库"

总策划/总主编:石 恢

副总主编:王利群 方 圆

本书作者

孙建蕊 北京市丰台南苑中学历史教师

苟燕洁 北京市立新学校历史教师及班主任

张 琪 北京市第四十一中学历史教师

李燕晖 国家图书馆馆员

序：在玩中学，在学中玩

进入 21 世纪以后，人类社会已经跃入了崭新的知识经济时代，无论是在国家还是个人层面上，科学知识都起着越来越重要的作用。从某种程度上来说，科学知识决定着我们的事业成败和生活质量。认识这种时代特征，并按其要求去设计自己的人生道路，既是当代中学生朋友的神圣使命，也是其责无旁贷的光荣义务。

但是，对于不少中学生朋友来说，学习科学仿佛是一件沉闷、枯燥、乏味的事情。在他们眼中，数理化好像只是一堆令人生厌的公式和符号，语文、历史、地理等文科科目也只是大段枯燥、严肃的文字叙述，当然文理科也是有共性的，就是没完没了的习题和例题。快快乐乐地学习似乎是一个遥不可及的神话。

造成这种尴尬局面的因素很多，但是没有处理好科学的现象与本质、具体与抽象、知识与应用等的关系是其中之一。正是因为我们的教材太过于强调科学的知识性、抽象性、深刻性而忽略其实用性、多样性、趣味性，才使得正处在好动爱玩年龄的中学生们将学习科学知识视为一种痛苦的体验，认为科学探究是枯燥的、冷冰冰的，毫无乐趣可言。

难道，学习科学就真的不能成为一件快乐而有趣的事情吗？如何将学习演绎成快乐呢？对于天性爱玩的中学生来说，"边玩边学"不失为一个有效的途径。

正是基于这样的认识，我们邀请长期活跃在教学一线的老师和学者为广大中学生朋友精心编写了这套"边玩边学"丛书，丛书包括十个单册，分别是《边玩边学数学》《边玩边学物理》《边玩边学化学》《边玩边学生物》《边玩边学语文》《边玩边学地理》《边玩边学历史》《边玩边学心理学》《边玩边学经济学》《边玩边学科学》，希望为中学生朋友真正带来学习的乐趣。

一位教育家说过，"游戏是由愉快促动的，它是满足的源泉"。在这套丛书中，编者老师们根据中学生的心理特点和教材内容，设计了各种实验和游戏，创设了生动的情境，或者通过生动形象的故事和俗语引入，以"玩"为明线，以"学"为暗线，寓学于玩，给中学生朋友的学习营造一种愉快的氛围。这种氛围不但能调动他们的学习热情，还能提高他们的观察、记忆、注意和独立思考能力，不断挖掘他们的学习潜力。因为这"玩"并非单纯的玩，而是借助中学生爱玩的天性来激活他们的思维，以"在玩中学，在学中玩"的方式培养他们仔细观察、认真思考的习惯，提高他们发现问题、提出问题和解决问题的能力，使他们玩得开心，学得酣畅！

我们衷心希望这套小书能够帮助同学们走近科学，促进大家形成热爱科学知识，喜欢阅读，勇于探索的良好习惯，并为同学们带去愉快和欢乐！

本丛书编委会

前　言

　　人类历史是异常纷繁复杂的，每一个故事都蕴含了或高亢激昂或哀婉悲痛的场景。重温那一段历史，可以不断唤起人们内心尘封已久的记忆；与历史进行亲密接触，可以深入地寻觅历史中所蕴藏的民族智慧，感悟民族精神。

　　本书选取了同学们熟悉的一些内容来解读历史。通过成语故事，同学们可以了解到中国古代战争、政治、文化等方面的知识；通过观看影视剧，同学们可以感受到历史的魅力；通过猜谜语，同学们可以体验学习历史的乐趣。

　　该书穿插了大量的历史文化知识花絮、专题和图片，使人物、事件、名画、文物、遗址等有机而紧密地结合在一起，知识信息更为密集，从而营造出一种全息的、立体的历史镜像。通过图文结合、条块结合，宛如一道历史文化套餐。通过文字，可以感受历史镜像，而通过图片，则可以阅读图片中的历史。图文相互映衬，可以立体地反映中国历史，展示中国历史文化的源远流长和博大精深。这种结合，使得文字信息更为生动，更为多彩，使读者深刻感受中国文化的底蕴，从而产生一种阅读上的震撼。

　　同学们也许会问，历史真有那么长吗？真的有这样多姿多彩的故事吗？还有那么多形形色色的人物？自己能像他们一样成功吗？以后的人会和他们一样吗？事实给出的答案丰富多彩，甚至让人难以置信，但历史就是历史，永远启发着当前和以后。

当看完这本书，也许同学们的脑海中已经牢牢镌刻下了一些生动奇特的细节，懂得了许多为人做事的道理，并受益终生。

同学们，历史上的政治活动是丰富多彩、极其复杂的，它与经济活动、文化活动等一起构成了人类历史上绚丽多彩的社会生活。只要我们潜心学习，细心探究，就一定会有许多意想不到的收获。

目录

一、猜谜语，学历史

一、猜谜语，学历史

　　大家一定都猜过谜语，但是你们想过没有，其实在一些谜语中也包含着不少历史知识呢。如果你的历史知识不够丰富，即使绞尽脑汁恐怕对它也一筹莫展。如果不信的话，就先不要看谜底，和我们一起来边猜谜语，边学历史知识吧！

1. 年几何矣

——猜我国商代一历史人物

谜底：盘庚

知识链接

盘庚，甲骨文做殷庚，名旬，生卒年不详。祖丁之子，阳甲之弟。阳甲死后盘庚继位，他是商代第20位国王，在位28年，盘庚时期为公元前1300年左右。他于在位的第三年迁都于殷（今河南省安阳县小屯庄），后病死，葬于殷。

盘　庚

商汤建立商朝的时候，最早定都在亳。在以后的300多年中，因为王族内部经常发生内乱，争夺王位，再加上黄河下游常常闹水灾，有一次发大水，甚至把都城都淹了，在这种情况下，不得不迁都，据记载都城一共搬迁了5次。

盘庚是个能干的君主，他为了改变当时社会混乱的局面，决定再一次迁都。当盘庚下达迁都命令的时候，当时的大多数贵族都贪图安逸，不愿意搬迁，甚至有一部分贵族还煽动平民起来反对，闹得很厉害。面对这样的局面，盘庚并没有动摇迁都的决心，他把反对迁都的贵族都找来，耐心地劝说他们："我要你们搬迁，是为了想安定我们的国家。你们不但不谅解我的苦心，反而发生无谓的惊慌。你们想要改变我的主意，这是办不到的。"

由于盘庚的坚持，最终挫败了反对势力，他带着平民和奴隶，搬迁至殷。这次迁都，使得衰落的商朝出现了复兴的局面。以后的200多年的时间里，一直都没有迁都。由于盘庚迁都的地点为殷，所以商朝又被称作殷商，或者殷朝。

2. 劳动竞赛

——猜我国商代一历史人物

谜底：比干

知识链接

亘古第一忠臣——比干

比干，殷商贵族商王太丁之子，沫邑（今河南省卫辉市北）人，被誉为"亘古第一忠臣"。他生于殷帝乙丙子之七祀（公元前1092年夏历四月初四日），卒于公元前1029年。

比干自幼聪慧，勤奋好学，20岁就以太师高位辅佐帝乙，又受托孤重辅帝辛。他从政40多年，主张减轻赋税徭役，鼓励发展农牧业生产，提倡冶炼铸造，富国强兵。商末帝辛纣王暴虐荒淫，横征

比 干

暴敛。比干叹道:"主过不谏非忠也,畏死不言非勇也,过则谏不用则死,忠之至也。"于是到摘星楼强谏三天不肯离去。纣王问他倚仗什么这样做,比干答:"恃善行仁义所以自恃。"纣王大怒:"吾闻圣人心有七窍信有诸乎?"于是,杀了比干挖了他的心。

小说《封神榜》中,记述比干因姜子牙的法术保护,服食神符后可以保护五脏六腑,剖出心后仍然不死;但剖心后若在路上遇见人卖无心菜,比干必须问他"人若是无心如何?"若卖菜人回答"人无心还活"则比干可保不死;若卖菜人回答"人无心即死"比干就会立即毙命。结果比干遇到了一老妇叫卖"没心菜"。老妇说:菜没心能活,人没心怎么能活?比干听后,长叹一声,口吐鲜血而死。霎时,天昏地暗,飞沙走石,卷土成墓,埋比干尸于其中。并且,没心菜护满坟堆。周遭的古柏,一片悲咽,低头致哀,树冠皆平。至今,比干墓上的菜依然没心,周围的古柏都是没了树尖的平冠。

比干被害后,纣王还要将其满门抄斩,比干的夫人陈氏当时身怀六甲,被同情比干的士兵偷偷地放了出来,在附近一处山林里生下了比干的遗腹子。纣王的追兵赶到后,查问孩子的姓氏,陈氏急中生智,指林为姓,躲过了这次劫难,林氏由此起脉。周武王灭商建周后,为比干封墓,正式赐比干的儿子为林姓,赐名为坚,封河清公,食采于博陵(今河北省安平县一带)。所以,林坚就是林姓的始祖,比干成了林姓的太始祖。后来周武王灭商成功,姜子牙追封比干为"文曲星"。

3. 老　　大

——猜我国古代一著名思想家

谜底：孟子

知识链接

孟子（公元前372年～公元前289年），中国古代伟大的思想家、教育家，战国时期儒家代表人物之一。他继承并发扬了孔子的思想，成为仅次于孔子的一代儒家宗师，有"亚圣"之称，与孔子并称为"孔孟"。

孟　子

孟子是鲁国（今山东邹城）人，名轲，字子舆，又字子车、子居。按"孟、仲、季"来排，他排行老大。其远祖是鲁国贵族孟孙氏，后家道衰微，从鲁国迁居邹国。孟子3岁丧父，孟母艰辛地将他抚养成人。孟母管束甚严，"孟母三迁"、"孟母断织"等故事，成为千古美谈，是后世母教之典范。

《孟子》一书是记录了孟子的语言、政治观点（仁政、兼爱、非攻，主张和平，反对战争）和政治行动的儒家经典著作。有《孟子》七篇传世：《梁惠王》（上下）；《公孙丑》（上下）；《滕文公》（上下）；《离娄》；《万章》（上下）；《告子》（上下）；《尽心》（上下）。其学说出发点为性善论，提出"仁政"、"王道"，主张德治。南宋时朱熹将《孟子》与《论语》、《大学》、《中庸》合在一起称"四书"。从此直到清末，"四书"一直是科举必考内容。

孟子名言

（1）不以规矩，不成方圆。

【释义】不用圆规和曲尺，就不能正确地画出方形和圆形。

（2）权，然后知轻重；度，然后知长短。

【释义】称一称，才晓得轻重；量一量，才晓得长短。

（3）人有不为也，而后可以有为。

【释义】人要有所不为，才能有所为。

（4）虽有天下易生之物，一日暴之，十日寒之，未有能生者也。

【释义】即使有一种最容易生长的植物，晒它一天，又冻它十天，没有能够再生长的。

（5）生于忧患而死于安乐也。

【释义】忧愁患害足以使人生存，安逸快乐足以使人死亡。

---

4. 非洲少年

——猜一战国时期人物

谜底：墨子

知识链接

墨子，生卒年不详，约在公元前468年～公元前376年，名翟。据考证，墨子为鲁国（今山东省滕州市木石镇）人。他是我国战国时期著名的思想家、教育家、军事家，墨家学派的创始人，并著有《墨子》一书。主要内容有兼爱、非攻、尚贤、尚同、节用、节葬、非乐、天志、明鬼、非命等十项，以兼爱为核心，以节用、尚贤为支点。墨学在当时影响很大，与儒家并称"显学"。墨子死后，墨家分为相里氏之墨、相夫氏之墨、邓陵氏之墨三个学派。

墨 子

墨子名言

（1）兴天下之利，除天下之害。

【释义】兴天下的利益，除天下的祸害。

（2）兼爱。

【释义】不分等级，不分远近，不分亲疏地爱天下所有的人。

（3）非攻。

【释义】反对侵略战争，维护人类和平。

（4）尚贤。

【释义】不分贵贱地推荐、选拔、使用德才兼备的人。

（5）尚同。

【释义】政令、思想、言语、行动等要与圣王的意志相统一。

（6）名不可简而成也，誉不可巧而立也，君子以身戴行者也。

【释义】好名声不能轻而易举地得到，荣誉不能以巧诈树立，君子就是君子，要身体力行地得到名副其实的荣誉。

5. 白菜不要心

——打一汉代历史人物

谜底：刘邦

知识链接

刘邦（公元前256年～前195年），公元前202年～公元前195年在位，字季，汉朝开国皇帝，庙号为太祖（但自司马迁时就称其为高祖，后世多习用之），谥号为高皇帝，所以史称太祖高皇帝、汉高祖或汉高帝。刘邦出身平民阶级，起兵反秦时，称沛公，秦亡后，被项羽封为汉王。

刘邦

刘邦后在张良、韩信、萧何等人的帮助下，在垓下设下十面埋伏，逼得项羽自杀于乌江边。刘邦灭了项羽后，统一了中国，建立汉朝，自此中华帝国在地理上再次统一，为以后的强大建立了基础。

刘邦登基后，采取休养生息的宽松政策，不仅安抚了人民，也促成了汉代雍容大度的文化基础。可以说，刘邦使四分五裂的中国真正统一起来，而且还逐渐把分崩离析的民心凝集起来。他对汉民族的统一、中国的统一强大、汉文化的保护发扬有决定性的贡献。

6. 妙手回春

——打一汉代历史人物

谜底：霍去病

知识链接

霍去病（公元前140～公元前117年），河东郡平阳县（今山西省临汾市）人，是汉武帝时期的大将军卫青的外甥。他的母亲卫少儿是汉武帝姐姐平阳公主的奴婢，在与平阳县衙役霍仲孺私通后，生下了霍去病。

霍去病

霍去病从小生活在奴婢群中，生活十分艰苦。但他勤奋好学，小小年纪就精通了骑马、射箭、击刺等各种武艺。后来，霍去病的姨母卫子夫被汉武帝看中，并被立为皇后。卫氏家族从此平步青云。

霍去病能征善战，一生曾四次领兵出塞攻打匈奴，共歼敌11万多人。他平时少言寡语，战场上却勇猛无比。汉武帝常常劝他学习孙武兵法，他却说："为将须随时运谋，何必定拘古法呢？"他是凭借战场上的直觉指挥战斗的，能随机应变，加之闪电式行动使他百战百胜，成为名扬后世的一代名将。

虽然屡立战功，获得了高官厚禄，但霍去病却把个人的享受搁在一边，一心以国家利益为重。河西战役胜利后，汉武帝为了奖励他的卓越战功，特意命人在长安为他建造了一座豪华住宅，叫他去看看是否满意。霍去病谢绝了汉武帝的好意，气概豪壮地说："匈奴未灭，何以家为！"这句传诵千古的名言就是霍去病光辉一生的写照。

"马踏匈奴"（雕刻）

公元前117年，霍去病因病去世，年仅24岁。对于这位青年名将的过早离去，人们都感到无比的悲痛和惋惜。汉武帝特地命人在茂陵旁边为霍去病修建了一座形状像祁连山的坟墓，并发动陇西、北地等

边玩边学 历史

五郡的匈奴人民，身穿黑甲，把霍去病的灵柩从长安护送到墓地安葬。

霍去病的墓至今仍然矗立在茂陵旁边，墓前的"马踏匈奴"的石像象征着他为国家立下的不朽功勋。

7. 看　　秤

——猜我国古代一科学家

谜底： 张衡

知识链接

张衡（公元78年～公元139年），字平子，南阳西鄂（今河南省南阳市）人。他是我国东汉时期伟大的天文学家、数学家、发明家、地理学家、诗人，为我国天文学、机械技术、地震学的发展作出了不可磨灭的贡献；在数学、地理、绘画和文学等方面，张衡也表现出了非凡的才能和广博的学识。

地动仪是一种监视地震的发生，记录地震相关参数的仪器，张衡在公元132年就制成了世界上最早的"地震仪"——地动仪。

这架仪器是铜铸的，形状像一个酒樽，周有八个龙头，龙头对着东、南、西、北、东南、西南、东北、西北八个方向。龙嘴是活动的，各自都

张　衡

衔着一颗小铜球，每一个龙头下面，有一个张大嘴的铜蛤蟆，仪器的内部中央有一根铜质"悬垂摆"，柱旁有八条通道，称为"八道"，还有巧妙的机关。当某个地方发生地震时，悬垂摆拨动小球通过"八道"，触动机关，使发生地震方向的龙头张开嘴，吐出铜球，落到铜蟾蜍的嘴里，发出很大的声响。于是，人们就可以知道地震发生的方向。

经过公元134年的甘肃西南部的地震试验，完全证实了地动仪检测地震的准确性。它比欧洲创造的类似的地动仪早了1700多年。可惜的是东汉地动仪早已失传，现在我们看到的地动仪都是后人根据史籍复原的。

地动仪复原模型

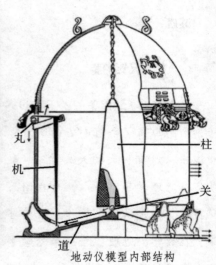

地动仪模型内部结构

为了纪念张衡的伟大功绩，人们将月球背面的一座环形山命名为"张衡环形山"，将小行星1802命名为"张衡小行星"。并且，后世称张衡为"木圣（科圣）"。

8. 笼中鸟

——猜三国时期一历史人物

谜底：关羽

知识链接

关羽（？～公元220年），约生于东汉桓帝年间，字云长，本字长生，河东解县（今山西省运城市）人，东汉末年刘备麾下著名将领，与刘备、张飞桃园结义。曾任蜀汉政权前将军，爵至汉寿亭侯。谥曰"壮缪侯"。

在《三国演义》中，关羽被描述为蜀汉五虎上将之首，死后受民间推崇，又经历代朝廷褒封，被人奉为"关圣帝君"，佛教称为"伽蓝菩萨"，尊称为"关公"。后来的统治者崇其为"武圣"，与"文圣"孔子齐名。最后被封为"盖天古佛"。《三国演义》中，有"千里走单骑"、"单刀赴宴"、"温酒斩华雄"等佳话。

关 羽

关羽刮骨疗毒

公饮数杯酒毕，一面仍与马良弈棋，伸臂令佗割之。佗取尖刀在手，令一小校捧一大盆于臂下接血。佗曰："某便下手，君侯勿惊。"公曰："任汝医治，吾岂比世间俗子，惧痛者耶！"佗乃下刀，割开皮肉，直至于骨，骨上已青；佗用刀刮骨，悉悉有声。帐上帐下见者，皆掩面失色。公饮酒食肉，谈笑弈棋，全无痛苦之色。须臾，血流盈盆。佗刮尽其毒，敷上药，

19 世纪日本画家歌川国芳依《三国演义》所绘的关羽刮骨疗毒图

以线缝之。公大笑而起，谓众将曰："此臂伸舒如故，并无痛矣。先生真神医也！"佗曰："某为医一生，未尝见此。君侯真天神也！"
（《三国演义》第七十五回）

9. 爷爷打冲锋

——猜我国古代一著名数学家

谜底：祖冲之

 知识链接

祖冲之（公元 429 年～公元 500 年），字文远，我国南北朝时杰出的数

学家、科学家，祖籍范阳郡道县（今河北省涞水县）。其主要贡献在数学、天文历法和机械三个方面。

祖冲之

在数学方面，祖冲之在推求圆周率时获得了超越前人的重大成就。在中国古代，人们从实践中认识到，圆的周长是"圆径一而周三有余"，也就是圆的周长是圆直径的 3 倍多，但是多多少，意见不一。在祖冲之之前，数学家刘徽提出了计算圆周率的科学方法——"割圆术"，用圆内接正多边形的周长来逼近圆周长，用这种方法，刘徽计算出的圆周率到小数点后 4 位。祖冲之在前人的基础上，经过刻苦钻研，反复演算，将圆周率推算至小数点后 7 位（即 3.1415926 到 3.1415927 之间），并得出了圆周率分数形式的近似值，创造了当时世界上的最高水平。

在天文方面，祖冲之提出了当时最好的历法"大明历"，而且算出地球绕太阳一周所需的时间是 365.24281481 日，和现在由精制仪器得到的数据 365.2422，他的数字准到小数第三位。

在机械制造方面，祖冲之为皇帝制造了指南车、水碓磨与千里船等，史书《南齐书》写道："千里船于新亭江试之，日行百余里。"并制造出类似孔明的"木牛流马"的运输工具。

指南车

除此之外，祖冲之还是相当有政治眼光的人，曾写了一篇《安道论》献给齐明帝，必须"开屯田，广农织"，只有安定边疆，让军队人民一边守边，一边种田，才能巩固国防。

1964年11月9日，为了纪念祖冲之对我国和世界科学文化作出的伟大贡献，紫金山天文台将1964年发现的国际永久编号为1888的小行星命名为"祖冲之星"。

10. 枪杆子里面出政权

——打一唐代历史人物

谜底：武则天

知识链接

　　武则天，（公元624年~公元705年），中国历史上唯一的女皇帝，也是继位年龄最大的皇帝（66岁继位），又是寿命最长的皇帝之一（终年81岁）。唐高宗时为皇后（公元655年~公元683年），后自立为武周皇帝（公元690年~公元705年），改"唐"为"周"，定都洛阳，并号其为"神都"。

武则天

武则天驯马

　　狮子骢是一匹马的名字，由于鬃毛像狮子似的，所以叫做狮子骢。这匹马长得高大威猛，神骏异常，但是性子暴烈，没有人能驯得了它。唐太宗是个爱马之人，为此很是着急。有一天，风和日丽，唐太宗在一群妃嫔的拥簇之下看马。这之中就有武则天，她当时还是才人。她进宫许久，还没引起皇帝的格外关注。

唐太宗围着狮子骢转了一圈，不由得叹息："这真是一匹好马呀，可惜就是没人能驯得了。"其他的妃嫔都默不作声，一片寂静。突然，武才人挺身而出，说："陛下，我能治服它！"唐太宗吃了一惊。武才人款款地说道："不过，我需要三样东西。第一，铁鞭；第二，铁锤；第三，匕首。"唐太宗说："这可不是驯马的东西啊，你要这些东西干什么啊？"武则天笑道："陛下，这马如此暴烈，必须用特殊手段。我先用铁鞭抽它，如果它不服，我就用铁锤锤它的脑袋，如果它还不服，我就一刀捅了它。"太宗说了一句："你真了不起！"

11. 冷冻疗法奏凯歌

——猜我国古代一著名文学家

谜底：韩愈

知识链接

韩愈（公元 768 年~公元 824 年）唐代文学家、哲学家。祖籍河北省昌黎县，世称韩昌黎。唐宋八大家之首，有"文章巨公"和"百代文宗"之名。作品都收在《昌黎先生集》里，还著有《韩昌黎集》四十

韩愈

卷，《外集》十卷，《师说》等等。

　　韩愈还是一个语言巨匠，善于使用前人词语，又注重当代口语的提炼，因此创造出许多新的语句，其中有不少已成为成语流传至今，如"落井下石"、"动辄得咎"、"杂乱无章"等。

传世名言

- 书山有路勤为径，学海无涯苦作舟。（韩愈治学名联）

- 师者，所以传道授业解惑者也。（《师说》）

- 业精于勤，荒于嬉；行成于思，毁于随。（《进学解》）

- 人非生而知之，孰能无惑？惑而不从师，其为惑也，终不解矣。（《师说》）

- 无贵无贱，无长无少，道之所存，师之所存也。（《师说》）

- 闻道有先后，术业有专攻。（《师说》）

---

12. 全班考上大学

——猜一宋代发明家

谜底：毕昇

知识链接

　　毕昇，又作毕晟，（约公元970年～公元1051年），蕲水（今湖北省黄冈市英山县草盘）人。北宋著名发明家。宋仁宋庆历年间（1041～1048年）发明活字排版印刷术（沈括《梦溪笔谈》载："庆历中，有布衣毕昇又为活版"），在当时印刷界反响很大。活字印刷术具有一字多用、重复使用、印刷多且快、省时省力、节约材料等优点，比雕版印刷术有了质的飞跃，对后世印刷术乃至世界文明的进步，有着巨大而深远的影响。

毕　昇

2008年北京奥运会展现的活字印刷术

13. 大地旅行

——猜我国古代一著名诗人

谜底：陆游

知识链接

陆游（1125年～1210年），字务观，号放翁，越州山阴（浙江绍兴）

人，南宋诗人。陆游生活的时代，北方的少数民族政权金国频频向宋朝发动战争，积贫积弱的宋朝丧失了大量国土，被迫不断向南迁移，人民生活在战乱和动荡之中。少年时代的陆游就不得不随着家人逃难，饱尝流离失所的痛苦。陆游从小受到父亲强烈爱国思想的熏陶，很早就养成了忧国忧民、渴望国家重建的品格。所以在他的许多作品中，抒写了抗金杀敌的豪情和对敌人、卖国

陆 游

贼的仇恨，风格雄奇奔放，沉郁悲壮，洋溢着强烈的爱国主义激情，在生前即有"小李白"之称。陆游12岁即能诗文，一生著作丰富，有《剑南诗稿》、《渭南文集》等数十个文集存世，存诗9300多首，是我国现有存诗最多的诗人。《关山月》、《书愤》、《农家叹》、《示儿》等篇均为后世所传诵。

陆游作品两首

游山西村

莫笑农家腊酒浑，丰年留客足鸡豚。

山重水复疑无路，柳暗花明又一村。

萧鼓追随春社近，衣冠简朴古风存。

从今若许闲乘月，拄杖无时夜叩门。

卜算子·咏梅

驿外断桥边，寂寞开无主。

已是黄昏独自愁，更著风和雨。

无意苦争春，一任群芳妒。

零落成泥碾作尘，只有香如故。

边玩边学 历史

14. 唐代通宝

——猜我国古代一著名医药学家

谜底：李时珍

知识链接

李时珍，明正德十三年（1518 年）生于蕲州（今湖北省蕲春县蕲州镇）的一个世医家庭。他的父亲医术很高，给穷人看病常常不收诊费。他不愿意自己的儿子再当医生，因为那时候，行医是被人看不起的职业。当时科举盛行，李时珍就在父亲的劝说下参加了科举考试，但他对八股文一点都不感兴趣，因此，考举人三次落榜后，放弃了科举入仕的道路，专心从事他所热爱的医药事业。

李时珍

少年时代的李时珍就常跟父亲和哥哥采集草药，或帮父亲抄写药方，听父亲讲解药物学知识。他处处留心向父亲学习，暗自记下了不少药方。有一回，父亲遇到了疑难病症，一时想不出有效的药方。李时珍凑到父亲耳边，轻轻地说了一个古方。父亲一听他说的药方正对症，才同意他学医。

李时珍22岁开始给人看病，一面行医，一面研究药物。他发现旧的药物书有不少缺点：许多有用的药物没有记载；有些药物只记了个名称，没有说明形状和生长情况；还有一些药物记错了药性和药效。于是，他决心重新编写一部完善的药物书。

为了写这部药物书，李时珍不但在治病的时候注意积累经验，还亲自到各地去采药。他不怕山高路远，不怕严寒酷暑，走遍了出产药材的名山。拜访了千百个医生、老农、渔民和猎人，向他们学到了许多书本上没有的知识。他还亲口品尝了许多药材，判断药性和药效。

几年以后，李时珍回到蕲春老家，开始写书。花了整整27年，终于编写成了一部新的药物书，就是著名的《本草纲目》。

《本草纲目》共有52卷，载有药物1892种，其中载有新药374种，收集医方11096个，书中还绘制了1111幅精美的插图，方剂11096首（其中8000余首是李时珍自己收集和拟定的），约190万字，分为16部、60类。每种药物分列释名（确定名称）、集解（叙述产地）、正误（更正过去文献的错误）、修治（炮制方法）、气味、主治、发明（前三项指分析药物的功能）、附方（收集民间流传的药方）等项。全书收录植物药有881种，附录61种，共942种，再加上具名未用植物153种，共计1095种，占全部药物总数的58%。李时珍把植物分为草部、谷部、菜部、果部、本部五部，又把草部分为山草、芳草、湿草、毒草、蔓草、水草、石草、苔草、杂草等九类。

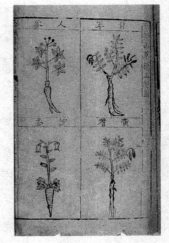

《本草纲目》明、清善本

《本草纲目》是对16世纪以前中医药学的系统总结，被誉为"东方药物巨典"，是我国医药宝库中的一份珍贵遗产，对人类近代科学以及医学方面影响重大。《本草纲目》问世后，很快在中国流传起来，如今已经被全部或部分译成日文、英文、德文、法文、拉丁文、俄文等多种文字，在世界上广泛流传，至今仍是一部有重大学术价值的古代科学文献。

15. 会休息的人才会工作

——猜一近代历史人物

谜底：康有为

知识链接

康有为（1858 年 3 月 19 日～1927 年 3 月 31 日），广东南海人，近代著名政治家、思想家、社会改革家、书法家。

康有为出生于封建官僚家庭，自幼学习儒家思想，1879 年开始接触西方文化，吸取了西方传来的进化论和政治观点，初步形成了维新变法的思想体系。

1888 年，康有为到北京参加顺天乡试，借机第一次上书光绪帝，请求变法，受阻未上达。1895 年，他到北京参加会试，得知《马关条约》签订，联合 1300 多名举人，上万言书，即"公车上书"，又未上达。当年 5 月底，他第三次上书，得到了光绪帝的赞许。

康有为

1897 年，德国强占胶州湾，康有为再次上书请求变法。次年 1 月，光绪皇帝下令康有为条陈变法意见，他呈上《应诏统筹全局折》，又进呈所著《日本明治变政考》、《俄罗斯大彼得变政记》二书。6 月 16 日，光绪帝在颐和园勤政殿召见康有为，任命他为总理衙门章京，准其专折奏事，筹备变法事宜，史称戊戌变法。后因慈禧太后的干预，维新运动失败。

变法失败后，光绪皇帝被软禁，康有为逃往日本，自称持有皇帝的衣带诏，组织保皇会，鼓吹开明专制，反对革命。为获得国际支持，他曾游历列国，会见欧洲各国君主。

辛亥革命后，康有为于 1913 年回国，作为保皇党领袖，他反对共和制，一直谋划清废帝溥仪复位。1917 年，康有为和效忠前清的北洋军阀张勋发动复辟，拥立溥仪登基，不久即在当时北洋政府总理段祺瑞的讨伐下宣告失败。

晚年，康有为始终宣称忠于清朝，直至 1927 年病死于青岛。

16. 正义的回答

——猜一近代启蒙思想家

谜底：严复

知识链接

严复（1854 年 1 月 8 日～1921 年 10 月 27 日），原名宗光，字又陵，后改名复，字几道，福建侯官（今神州）人，是清末很有影响的启蒙思想家、翻译家和教育家，积极倡导西学的启蒙教育，完成了著名的《天演论》的翻译工作。

严　复

在《天演论》中，严复以"物竞天择"、"适者生存"的生物进化理论阐发其救亡图存的观点，提倡鼓民力、开民智、新民德、自强自立、号召救亡图存，这是中国近代史上向西方国家寻找真理的"先进的中国人"之一。

故事一：打井架上

严复早慧，又格外顽皮，五岁那年，差一点闯下一场大祸。

有天，邻家打井，架子已搭起一丈多高，井也挖了很深。当打井师傅休息时，不曾注意，小严复却爬到了架子的顶端。恰巧严复的母亲陈太夫人出门，见到这惊险的一幕，心中着急。严复见到母亲，偏要卖弄精神，在高高的架子上做鬼脸、弄姿势，又喊又叫："井打得好圆！打得好圆！"母亲直吓得浑身冒汗。情急中计上心来，她柔声细语地向儿子说："儿好能干！如果能慢慢下来，更了不起！"小孩子心性，见大人夸奖特别得意，很快地从井架上溜了下来。

回到家中，陈太夫人气得用鞭子抽打了严复，同时宣布，即日起，一月内不许他走出家门。

故事二：福州船政学堂的学生

1866年（同治5年）的冬天，福州一个刚创办的海军学堂招生，闽广一带许多家道比较困难人家的孩子都去投考。

揭榜了，孩子们聚集在船政局前。只见榜首赫然三个大字：严宗光（即严复）。父亲原是乡里间一位儒医，母亲是一个"布衣"的女儿，家道本不宽裕。不幸，父亲在这一年死了，母亲、两个妹妹和他的生计，只能靠母亲做女红维持。这时，福州船政局开张，学堂招生，食宿全免，每月有四两白银补贴，每三个月考试一次，成绩列为一等，可领赏银十元。

考试题目是由新任船政大臣沈葆桢所出，也许因为丧亲丁忧的缘故，出了《大孝终身慕父母论》的考题。它使丧父不久，刚经历了与亲人生离死别的严复不免触题生情，有感于怀，笔端流露了对亡父的哀思，对母亲含辛茹苦的感情，挥笔成章，写下了几百字的一篇声情并茂的文章。此文很得沈葆桢的击赏。几十年后，严复仍感念不置，并用诗记下了自己的感戴之情：尚忆垂髫十五时，一篇大孝论能奇。谁言死后无穷感，惭负先生远到期。在诗中夹注说："同治丙寅，侯官文肃公开船厂，招子弟肄业，试题《大孝终身慕父母》，不肖适丁外艰，成论数百言以进，公见之，置冠其曹。"

严复格外珍惜进学堂的机会，特别刻苦勤奋，每次考试都名列前茅。同治十年，在理论课结业大考中，严复考了最优等。

历史小游戏——华容道

华容道，是中国古老的游戏，与魔方、独立钻石棋并称为"智力游戏界的三个不可思议"。它与七巧板、九连环等中国传统益智玩具还有个代名词叫做"中国的难题"。

华容道游戏取自著名的三国故事，曹操在赤壁战争中被打败被迫逃退到华容道，但是又遇上了诸葛亮的伏兵，关羽为了报恩，帮助曹操逃出了华容道。

游戏就是依照"曹瞒兵败走华容，正与关公狭路逢。只为当初恩义重，放开金锁走蛟龙"这一故事情节，通过移动各个棋子，帮助曹操从初始位置移到棋盘最下方中部，从出口逃走。不允许跨越棋子，还要设法用最少的步数把曹操移到出口。曹操逃出华容道的最大障碍是关羽，关羽立马华容道，一夫当关，万夫莫开。关羽与曹操当然是解开这一游戏的关键。四个刘备军兵是最灵活的，也最容易对付，如何发挥他们的作用也要充分考虑周全。

"华容道"有一个带二十个小方格的棋盘，代表华容道。棋盘下方有一个两方格边长的出口，是供曹操逃走的。棋盘上共摆有十个大小不一样的棋子，它们分别代表曹操、张飞、赵云、马超、黄忠和关羽，还有四个卒。棋盘上仅有两个小方格空着，玩法就是通过这两个空格移动棋子，用最少的步数把曹操移出华容道。这个玩具引起过许多人的兴趣，大家都力图把移动的步数减到最少。

一 猜谜语，学历史

相关歇后语

曹操败走华容道——走对了路子

曹操败走华容道——不出所料

曹操败走华容道——兵荒马乱

二、看电视、电影，学历史

　　中国是一个具有五千年悠久历史和灿烂文化的文明古国，丰富的历史题材为影视创作提供了广阔的天地。历史题材的影视剧以艺术的方式，借用历史人物、事件、背景，使消逝了的时空与人物通过文字、舞台、屏幕得以重现，它是对历史的一种形象化叙述。但是这种形象化的历史叙述并不完全等同于历史学家的叙述，而是对历史的一种艺术叙述，它包含着艺术想象。一部好的影视剧，不仅能够引起我们强烈的共鸣，还能陶冶情操、提高审美能力。而从这些影视剧中学到什么样的历史观和价值观，怎样去理解隐藏在历史剧背后的历史事件和历史人物，关系到我们如何正确看待历史。

　　下面，就让我们看看从这些影视作品中我们可以学到什么历史知识吧！

1. 历史剧中的历史故事

《康熙王朝》VS《康熙微服私访记》

电视剧《康熙王朝》是一部较好的历史剧。里面表现的康熙帝爱新觉罗·玄烨正如其遗诏所述"自御极以来，孜孜汲汲，小心敬慎，夙夜不遑，未尝少懈。数十年来，殚心竭力，有如一日，此岂劳苦二字所能概括耶"。

康熙亲政后，每日"昧爽视事，惟恐有怠政务"、"旧夜为国操劳"。他"以其天资英武，雄才大略，成就了一代伟业，是亘古少见的英明君主"。电视连续剧《康熙王朝》真实地再现了震惊华夏的重要历史事件：擒鳌拜、平三藩、征罗刹、抚蒙古、收复台湾、签《中俄尼布楚条约》等，浓墨重彩地描绘了康熙帝为大清的一统江山所付出的心血和智慧，所表现的胆识和气魄。该剧所表现的重要事件基本符合史实，对康熙帝的精神、品格的把握也符合历史原貌。

比如，"康熙智擒鳌拜"这个故事，史书上的记载很少，只说：康熙八年五月立十六日，康熙帝召集众少年，问到"汝等皆联股肱首旧，然则畏联钦，抑畏拜也？"众少年同声回答"独畏皇上"，康熙帝便公布鳌拜罪恶，授计捉拿。当宣鳌拜进宫时，他毫无防

《康熙王朝》海报

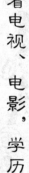

范，康熙帝指挥众少年"立命擒之"。

鳌拜何许人也？史书记载："清朝开国元勋之一鳌拜，满洲镶黄旗人。"他的前半生军功赫赫，大多在疆场驰骋拼杀，后半生则操握权柄，成为影响清初特别是康熙初年政局的一个重要人物。他"树倾朝野，威风凛凛"，且"武功超群"。这样一名手握重权、武艺高强的重臣被捉拿，史书上只有寥寥数语，但电视剧的编导却通过对当时的场面进行合理的想象和艺术虚构，生动再现了康熙帝捉拿鳌拜这一场景，表现了少年康熙的睿智。

康熙帝是清王朝入关以后的第二任皇帝，他熟谙文韬武略，具有远见卓识，在位 61 年，以实心为本，以实政为务，政绩卓著。他 8 岁登基，16 岁亲政以后便"以三藩及河务、漕运为三大事，夙夜厪念，曾书而悬之宫中柱上"。尤其是河务，康熙帝更是为之倾注了毕生的精力。为了治河，从康熙二十三年到四十六年（1684 年 ~ 1707 年），康熙帝先后六次南巡，留下了许多家喻户晓的故事。小说、影视常常会对其进行铺陈渲染，比如我们看到的戏说系列连续剧《康熙微服私访记》，就在一些传说的故事上加以丰富，再配合上当今的一些社会理念，上演了一出出十分吸引大众眼球的故事……

但事实上，康熙南巡的核心目的每次均以详细巡视河工为首要，在下江南的过程中努力践行其"一劳永逸、全面修治"的治河思想，体现了一位伟大君主追求社会安定、人民幸福的求实人格，给我们留下了许多有益的借鉴和启示，他的六次南巡就是最好的例子：

康熙二十三年（1684 年）九月，康熙第一次南巡，察视河工。明末清初，战乱频仍，河道年久失修，至康熙初年黄河下游到处决口，灾害连年。据不完全统计，清初顺治元年至康熙十六年（1644 年 ~ 1677 年）淮

《康熙微服私访记》海报

河流域的黄河夺淮之灾的次数多达90起。不仅百姓田庐受淹，而且运道受阻，每年从南方供应京城的四百万石漕粮也失去保证。从这时起，水患便引起了康熙帝的高度重视。康熙帝在平定三藩、统一台湾以后，便视河务为首要，为此殚精竭虑，日夜焦劳，他唯恐官员治河失法，不远万里，亲阅河工。

康熙二十八年（1689年）正月，康熙帝第二次南巡，临阅河工。

康熙三十八年（1699年）二月，康熙帝第三次南巡，策定新的治河方略，河工初步告成。颁《修浚清口诏》、《巡视河湖酌定应办工程诏》，具体制定了新的治河方案，收到了很好的效果。

康熙四十二年（1703年）正月十五至三月十五日，康熙帝以河工即将告成，进行第四次南巡。康熙帝历扬州、镇江、苏杭、杭州、江宁等地。回銮途中，召大学士、九卿等谕曰："朕此番南巡，遍阅河工，大约已经成功矣。向来黄河水高六尺，淮水低六尺，不能敌黄，所以常患淤垫。今将六坝堵闭，洪泽湖水高，力能敌黄，则运河不致有倒灌之患。此河工所以告成也。"

康熙四十四年（1705年）二月，康熙帝第五次南巡阅河。康熙四十四年初，康熙帝认为，河工虽说告成，尚须察验形势，筹划善后之规。二月初九，康熙帝启程离京，踏上了第五次南巡的旅程。此次南巡，康熙帝以"河工大成"，十分高兴地筹划了善后之规。不料几个月后，河工又出了问题。当年七月，黄、淮又发生了多年未有的暴涨，造成古沟塘、韩家庄、清水沟几处堤岸冲决，发生水灾。

康熙四十六年（1707年）正月，康熙帝第六次南巡。康熙帝对溜淮套工程并不放心，以为此等大型工程，若有闪失，劳民伤财，后果亦不堪设想。经大学士等再三恳请，康熙帝最后还是决定再次南巡。正月二十二日，康熙帝启程离京。二月二十日，康熙帝由清口上岸，详细视察了溜淮套的地势。当天，康熙帝召集扈从文武、地方大小官员、河道总督及河工官员于行宫门前，严厉斥责张鹏翮不留心河工。对于溜淮套工程，康熙帝对诸臣说："前阿山等查勘泗州水势，奏称溜淮套地方另开一河出张福口，可以分泄淮水，免洪泽湖并涨，保高家堰之危险。绘图进呈，请朕亲阅。"这次南巡，康熙帝对河工善后处理完毕。

康熙帝以民为本，实心求治，他亲临河工，指授方略，经过几十年的治理，两河安宁，漕运无阻，人民安居乐业，这对当时社会的安定和繁荣起到了促进作用。

康熙帝一生南巡六次，比较简朴，往返供仪，悉发内帑，还曾要求"预饬官吏，勿累闾阎。"他第一次南巡的时候，途中经过丹阳、常州、无锡，一路上没有停留，昼夜行船三百六十余里。康熙南巡时，主要是住在地方官员的官邸，只有在扬州、杭州等地，建造了少量行宫。康熙帝以后，乾隆帝也进行过六次南巡，然而他坐享其成，崇尚浮华，好大喜功，

《康熙微服私访记》剧照

为游遍江南锦山秀水耗用了大量民脂民膏，其目的与作用皆不可与其祖父同日而语。

可见，历史上的康熙皇帝是多么的辛劳，远没有传说中生活得那样潇洒，但是这都不妨碍他作为一代明君为后世所敬仰、赞颂。

《荆轲刺秦王》VS《英雄》

看过电影《英雄》的人都知道，它讲述了一个秦并六国时赵国人刺杀秦始皇的故事。主人公"无名"苦苦练就十步剑法后终于有了可置秦始皇于死地的机会，但他最终因残剑的"天下"二字放弃了付诸多年心血的刺秦计划。

"英雄"们都演绎了在面临大一统的历史潮流前选择"顺"还是"逆"的矛盾与痛苦，表现出了一种回肠荡气的英雄气概。这样的主题是历史的，更是现实的，它让人跳出"小我"的恩怨情仇、得失纷争，更多地去关注普天下的老百姓，告诉我们：能让广大人民安居乐业的"英雄"才是真正的大英雄。

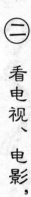

《英雄》虽然是一个虚构的故事，但它却有其经典的故事原型——"荆轲刺秦王"。从另外一部影片《荆轲刺秦王》中，我们可以隐约看到历史记载中的这段真实的故事：秦王嬴政一心想统一中原，不断向各国进攻。燕国的太子姬丹原来留在秦国当人质，他见秦王决心兼并列国，又夺去了燕国的土地，就偷偷地逃回燕国。他恨透了秦国，一心要替燕国报仇。但他既不操练兵马，也不

《英雄》海报

打算联络诸侯共同抗秦，却把燕国的命运寄托在刺客身上。他把家产全拿出来，找寻能刺秦王政的人。

后来，太子丹物色到了一个很有本领的勇士，名叫荆轲，要他去刺杀秦王。为了能够完成使命，荆轲便私下去找樊於期，跟樊於期说："我有一个主意，能帮助燕国解除祸患，还能替将军报仇，可就是说不出口。"樊於期连忙说："什么主意，你快说啊！"荆轲说："我决定去行刺，怕的就是见不到秦王的面。现在秦王正在悬赏通缉你，如果我能够带着你的头颅去献给他，他准能接见我。"樊於期说："好，你就拿去吧！"说着，就拔出宝剑，抹脖子自杀了。

《刺秦》海报

公元前227年，荆轲从燕国出发到咸阳去。太子丹和少数宾客穿上白衣白帽，到易水（在今河北省易县）边送别。临行的时候，荆轲给大家唱

了一首歌："风萧萧兮易水寒，壮士一去兮不复还。"大家听了他悲壮的歌声，都伤心得流下眼泪。荆轲拉着秦舞阳跳上车，头也不回地走了。

　　荆轲到了咸阳。秦王政一听燕国派使者把樊於期的头颅和督亢的地图都送来了，十分高兴，就命令在咸阳宫接见荆轲。但秦王政毕竟有点怀疑，对荆轲说："叫秦舞阳把地图给你，你一个人上来吧。"荆轲从秦舞阳手里接过地图，捧着木匣上去，献给秦王政。秦王政打开木匣，果然是樊於期的头颅。秦王政又叫荆轲拿地图来。荆轲把一卷地图慢慢打开，到地图全都打开时，荆轲预先卷在地图里的一把匕首就露出来了。秦王政一见，惊得跳了起来。荆轲连忙抓起匕首，左手拉住秦王政的袖子，右手把匕首向秦王政胸口直扎过去。秦王政使劲地向后一转身，把那只袖子挣断了。他跳过旁边的屏风，刚要往外跑。荆轲拿着匕首追了上来，秦王政一见跑不了，就绕着朝堂上的大铜柱子跑。荆轲紧紧地逼着。两个人像走马灯似地直转悠。旁边虽然有许多官员，但是都手无寸铁；台阶下的武士，按秦国的规矩，没有秦王命令是不准上殿的，大家都急得六神无主，也没有人召台下的武士。官员中有个伺候秦王政的医生，叫夏无且，急中生智，拿起手里的药袋对准荆轲扔了过去。荆轲用手一扬，那只药袋就飞到一边去了。就在这一眨眼的工夫，秦王政往前一步，拔出宝剑，砍断了荆轲的左腿。荆轲站立不住，倒在地上。他拿匕首直向秦王政扔过去。秦王政往右边只一闪，那把匕首就从他耳边飞过去，打在铜柱子上，"嘣"的一声，直迸火星儿。秦王政见荆轲手里没有武器，又上前向荆轲砍了几剑。荆轲身上受了八处剑伤，自己知道已经失败，苦笑着说："我没有早下手，本来是想先逼你退还燕国的土地。"这时候，侍从的武士已经一起赶上殿来，结束了荆轲的性命，这位英雄就这样为自己的职责奉献了自己的生命。

　　同一个英雄，同一段故事，在不同的影视剧里却有着不同的塑造方

式，真正的英雄到底应该是什么样子呢？我们应该在看完这些影视剧之后得到属于我们自己的认识。

2. 在历史剧中熟悉历史人物

《贞观长歌》里的唐太宗

长篇电视连续剧《贞观长歌》，以唐太宗李世民的统治时期为核心，不仅为我们展示了一幅唐太宗"贞观之治"的盛世画面，还适度地表现了帝王的谋略与权术，展示了李世民的多面性。李世民并不是天生的英主，而是在错综复杂的斗争中成长起来的伟人。下面这些片段，就为我们展现了一个全方位的唐太宗李世民：

《贞观长歌》海报

善战。李世民刚登皇位之时，罗艺造反，颉利率20万大军进攻，内忧外患。李世民准确地分析形势，合理地使用魏徵、冯立等李建成的旧部，最大范围地团结各方力量，抗击主要的强敌颉利20万大军。

常情。李世民在淑妃去世时丧魂失魄，面对强敌压城、烽烟四起而抱着淑妃的尸体不去处理国家大事，长孙无忌与他激烈地争吵，喊道："你

边玩边学历史

如果要做商纣王，我就做比干。"李世民冷静下来，及时地采取有效措施对付强敌，平定烽烟。

睿智。阿史那思摩率领2000多精兵化装成百姓，与20万流民一起混入长安城，准备在夜晚放火杀人。李世民召集众臣商量对策，大家觉得这好像是在与幽灵作战，没有办法把敌人找出来，因而无人敢接将印。李世民让侯君集接这个将印，把退敌良策告诉他，在城外安放一千口百饮大锅烧稀饭，把饥民引出城，留下的就是敌军了。此策果然效果很好，把阿史那思摩率领的2000多精兵全部逮捕，阿史那思摩输得心服口服，对李世民由恨变敬，从而成为李世民的大臣。

有谋。李世民对侯君集与太子逼宫之事早有预防，把屠长贵安排在侯君集的飞虎军中，便是为了牢牢掌握飞虎军的动态，以防有变。侯君集与太子逼宫，见屠长贵率军而来，认为胜券在握。实际上，屠长贵的军队是忠于李世民的，侯君集与太子仍然斗不过李世民。

惜才。房玄龄是大唐的开国元勋，对大唐忠心耿耿，立下了许多不朽的功勋，但在唐太宗削减官员的斗争中，他

《贞观长歌》剧照

犯下了大错，竭力反对唐太宗精简官员的主张，其儿子又利用他主持裁减官员的权力大肆收受贿赂，对于这样的错误，要是犯在其他官员身上，早就打进天牢或处以极刑，但落到房玄龄这位功臣身上，唐太宗心软了，手也软了，最后只是进行了轻描淡写地处置。

念旧。夷男是匈奴部落的一个首领，曾与唐太宗结盟，联合打败匈奴

的大头领颉利的军队。在这场战争中，他立了功，唐太宗因此对他封官赏地，还决定把自己最心爱的女儿安康公主许配给他。但是，夷男是个大野心家，他不甘心称臣于大唐，而是要与李世民争天下，最终反叛了大唐。对于这个野心家，李世民不听部下的多次劝告，对夷男的反叛，一再忍让，最后由于他的忍让过度和犹豫不定，差点葬送了自己的女儿、引起一场旷日持久的战争。正如他自己所说"要不是侯君集机智果断，英勇平叛，如果一旦让夷男的阴谋得逞，大唐和匈奴的战争又要持续十年、二十年，又有千百万士兵和普通百姓还要死于战争"。

重情。李恪的母亲是隋炀帝的女儿，在李世民争夺江山时，有恩于他，她的儿子李恪虽然有才能，却心术不正，品德极其恶劣。为了争夺太子的位置，他千方百计陷害自己的亲哥哥太子李承乾和忠臣侯君集，并且残忍地强暴了大唐太子妃，自己的亲嫂子海棠。后来，又多次反对自己的父皇，大搞阴谋诡计，甚至想叛逃投敌，真可谓是十恶不赦。但对李恪，李世民总念其母亲对自己有恩，所以对他犯下的罪行总是一再遮掩，大事化小，小事化无，甚至不惜伤害自己的忠臣。对李恪的迁就和偏袒，充分表现出李世民这位英雄性格的软弱性，让我们更全面、更深切地理解了这位英雄的内心世界。

怎么样？这部连续剧是不是让你看到了一个跟教科书上不太一样的唐太宗李世民呢？原来这样伟大的帝王也有非常人性化的一面啊！你是不是觉得跟这位唐朝皇帝更亲近一些了呢？

"刘罗锅"、"纪晓岚" 与 "和珅" 的斗争

严肃题材的历史剧可以让我们沉思，而戏说的历史剧则让我们在轻松幽默的氛围下对历史产生更加浓厚的兴趣，更能引发我们去追寻故事后面

边玩边学历史

的真相。

看过《宰相刘罗锅》和《铁齿铜牙纪晓岚》的同学一定不在少数，对刘罗锅、纪晓岚与和珅之间不懈斗争的场景可能还历历在目。那么，这三人到底在历史中的原貌是怎样的呢？

《宰相刘罗锅》海报　　　　　　《铁齿铜牙纪晓岚》海报

《宰相刘罗锅》里戏说的"刘罗锅"原型是清朝书画家、政治家刘墉，字崇如，号石庵，另有青原、香岩、东武、穆庵、溟华、日观峰道人等字号，诸城县逄戈庄（今山东省高密市）人，大学士刘统勋之子。他一生廉洁奉公，处处为人民着想，深受百姓爱戴，没贪过国家一分银两、一件器物。修坝建桥时，他带领百姓及工作人员努力奋战在第一线。他衣着简朴，粗粮杂饭。他最爱的食物是煎饼卷大葱，可以看出为官的他生活是相当艰苦的。刘墉是乾隆十六年（1751年）的进士，做过吏部尚书，体仁阁大学士。嘉庆四年（1799年）三月，加太子少保。后奉旨办理文华殿大学士和珅植党营私、擅权纳贿一案。刘墉不畏权势，很快查明和珅及其党羽横征暴敛、搜刮民脂、贪污自肥等罪行20条，奏朝廷。皇上处死了和珅，没收了他的家产。看来，刘墉在惩治和珅贪污上的确作出了很大的贡献。

而《铁齿铜牙纪晓岚》中的纪昀，字晓岚，一字春帆，晚号石云，道号观弈道人。生于清雍正二年（1724 年）六月，卒于嘉庆十年（1805 年）二月，经历雍正、乾隆、嘉庆三朝。他才华横溢，文思敏捷，勤奋好学，博古通今。正如自谓的"抽黄对白、恒彻夜构思，以文章与天下相驰骋"。他襟怀夷旷，机智诙谐，常常语出惊人，妙趣横生，盛名当世，难怪编剧称其为"铁齿铜牙"了。而真正让他得以青史留名的却是让他受命为《四库全书》（篇帙浩繁，分经、史、子、集四部）总纂官，并由他亲自撰写了《四库全书总目提要》二百卷，此为代表清代目录学成就的巨著。纪晓岚一生，曾两次为乡试考官，六次为文武会试考官，先后做过武英殿纂修官、三通馆纂修官、功臣馆总纂官、国史馆总纂官、方略馆总校官、四库全书馆总纂官、胜国功臣殉节录总纂官、职官表总裁官、八旗通志馆总裁官、实录馆副总裁官、会典馆副总裁官等。人称一时之大手笔，实非过誉之辞，但这位专心编书的大学者似乎与和珅并没有什么太大关系。

无论是《宰相刘罗锅》还是《铁齿铜牙纪晓岚》，里面都着重塑造了和珅的形象，大都把他表现得生性贪婪、不学无术、狡诈奸猾，而历史上的和珅究竟是什么样子呢？

实际上，和珅生于乾隆十五年（1750 年），原名善宝，字致斋，钮祜禄氏。他与官阶正二品的内务府总管大臣英廉的孙女结婚，后又袭了高祖父尼雅哈纳的三等轻车都尉世职。凭着工作关系，和珅以自己的聪明才智和善于随机应变，博得了皇上的欢心，青云直上，很快便迁乾清门侍卫，后升御前侍卫，授正蓝旗满洲都统。此后，他不断升迁，兼任多职，封一等

纪晓岚画像

忠襄公，任首席大学士、领班军机大臣，兼管吏部、户部、刑部、理藩院、户部三库，还兼任翰林院掌院学士、《四库全书》总裁官、领侍卫内大臣、步军统领等要职，为皇上宠信之极，官阶之高，管事之广，兼职之多，权势之大，清朝罕有。他还是皇上的亲家翁，其子丰绅殷德被指定为皇上最宠爱的十公主之额驸。

和珅虽不会治国统军，无甚功业，但却特别擅长于揣摩帝意，迎合君旨，玩弄权术，还会为皇上聚敛银钱，供皇上支付各种不便公开动支国库的费用，故能博取皇上欢心。这在乾隆四十六年（1781 年）废除"名粮"，增补绿营兵额，给武职养廉银上，表现得非常清楚。这时，乾隆八十大寿时以国库充盈，下诏要取消武将"名粮"，改为给予养廉银，增补绿营兵，每年要增加军费白银 300 万两。乾隆帝询问阿桂有何意见，阿桂奏称，费银太多，不应增补。乾隆不听其言，下谕说，现在国家"财赋充足"，"户部库银尚存七千余万两"，支付这新增的 300 万两，绰绰有余。着大学士会同九卿科道详议。和珅深知皇上必欲实行此法，故极力赞成。乾隆遂下谕批准大学士九卿等的复议，每年增支军费银 300 万两。正因为和珅擅长逢迎，摸透了也迎合了乾隆晚年志得意满、好大喜功、爱听谀言、文过饰非、自诩明君的心理，按其旨意办事，又善于敛财以供皇上享用，所以受到特别宠信，成为乾隆帝的唯一心腹和代理人。有了皇上的宠信和庇护，和珅身兼多职，位极人臣，基本上掌握了用人、理财、施刑、"抚夷"等方面大权，他便肆无忌惮地揽权索贿，乱政祸国。

和珅聚敛财富的主要方式是任用官员索取贿银。内而九卿，外而督抚司道，不向和珅纳银献宝，不是和珅亲友，是很难当上官的。从而形成了"和相专权，补者皆以赀进"，"政以贿成"，祸国殃民的局面。以乾隆最关心的河工而言，就败坏得不像个样子。史称"乾隆中，自和相秉政后，河防日见疏懈。其任河帅者，皆出其私门，先以巨万纳其帑库，然后许之任视事，故皆利水患充斥，借以侵蚀国帑"，"至竭天下府库之力，尚不足充其用"。和珅聚敛财富之多，在历代文武大臣中首屈一指，他的确是中国古代最大最富的贪官。关于和珅究竟有多少财产，确实数目是难以知晓了，但从他被嘉庆帝亲政后勒令自尽和抄家产入官，可以知道大概情形。

和珅画像

可见，历史上的和珅跟电视剧中的和珅还是有许多相同点的，他的确是一个不折不扣的大贪官，作者借着影视作品来抒发对其的厌恶，也是不为过的。

《还珠格格》里的真假公主

看了轻松活泼的连续剧《还珠格格》之后，同学们都会对那个活泼可爱却又与宫廷礼仪格格不入的还珠格格小燕子记忆颇深，电视剧里的还珠格格真的是历史上的还珠格格吗？电视剧里那热热闹闹的宫廷真的在历史上存在吗？

在电视连续剧《还珠格格1》中，乾隆皇帝在山东济南府大明湖畔邂逅了紫薇的母亲，之后有了紫薇。结果，紫薇的母亲不仅葬送了青春年华，最后还落得抑郁病卒。其实，乾隆六下江南，只有乾隆十三年（1748年）这一次途径济南。而到济南不久，随行的富察皇后就开始患病，乾隆即刻决定返驾回宫，不成想途经德州时皇后即病逝。乾隆皇帝与富察皇后相濡以沫 22 年，情深似海，如今阴阳分离，自是悲痛万分。乾隆三十年（1765 年），也就是皇后去世后第 17 个年头，乾隆皇帝四下江南路过济南时，又绕城而去。之后做七绝一首，以表思念："济南四度不入城，恐防一入百悲生。春三月昔分偏剧，十七年过恨未平。"可见，乾隆皇帝想要在济南发生一段浪漫的爱情故事似乎是不可能的。

那么乾隆皇帝有没有过汉籍的干女儿？据史书记载，乾隆皇帝一生共有 27 个子女，无一是干认的。但在民间传说中，乾隆皇帝确曾有过一个干女儿，而且还真是汉籍的。

《还珠格格1》剧照

相传，乾隆皇帝派人拆明陵给自己修陵寝。刘墉奏参皇上挖坟墓之罪，乾隆无法抵赖，只得准奏，自己定了个发配江南。说是发配，实际上是一不穿罪衣，二不戴刑枷，只是换上便衣小帽步行罢了。刘墉、和珅一路跟着。这是乾隆第一次步行到民间，对什么都感到新鲜。他们走进一个小村庄，来到一户人家门前，和珅前去叩门。开门的是一个老头儿，他叫女儿为三位客人备饭，乾隆皇帝很喜欢老头的女儿，就主动提出认她做干闺女，还从怀里掏出一块手帕递给姑娘，说："孩儿如遇急难，可拿它到京城的皇家大院来找我。"几年后这一地区遭遇灾荒，父女俩实在过不下去了，决计到京城来找姑娘的干爹。他们在京城怎么打听都找不到皇家大院。一天，他们在皇城外碰上刘墉出来遛弯儿，姑娘抬头一瞅，认出这人就是随干爹一起到她家的那位先生，结果得知孩子的干爹正是当朝皇上。

第二天一早，刘墉带父女俩进宫去见皇上。乾隆皇帝只好把二人宣进宫来，并给他们找了个住处。没承想宫里虽不愁吃、不愁穿，可繁文缛节多得要命。而皇亲国戚、文武百官、侍女太监个个都是势利眼，那老人家可受不了。本来就是病歪歪的，再加上惊恐，没多少日子就死了，就剩下姑娘一个人孤苦伶仃地待在宫里，每日思念爹爹，常常泪流满面。日久天长，那姑娘自己也憋出病来去世了。乾隆皇帝得知后传旨按公主的葬礼，把姑娘葬在了翠微路这地方。这就是"公主坟的传说"。

如今的公主坟已是繁华商圈

乾隆皇帝的汉籍干女儿入宫后备受歧视，郁郁寡欢，这倒与小燕子入宫后的经历颇为相似。可惜这位"公主坟格格"没有小燕子的勇气——可以始而"大闹皇宫"，继而出走"回忆城"，终而逼得皇上屈尊南下求和——只是安静地来、安静地去了。

那么在正史中，清朝有没有过认的汉籍公主？翻看清朝史料，还的确曾有过一个认的汉籍公主，她就是孔四贞。孔四贞是定南王孔有德的女儿，生于后金崇德六年（1641年）。自幼孔有德就把她许配给自己的爱将孙龙之子孙延龄为妻。顺治九年（1652年），农民军张献忠的部将李定国率军进攻广西，孔有德出战失败，城破后自缢身亡，孔四贞时年12岁，恰好在桂林兵营中。她听说父、兄和未来的公公都战死，就闹着要和农民军拼命，幸好被奶娘劝住："连你父兄都不是他们的对手，你这小小年纪的弱女子出去拼命不是白白送死去吗？"奶娘强拉硬扯，和她一起躲藏在民间。

顺治十年（1653年），孔有德的部将线国安率兵夺下了桂林。孔四贞和奶娘找到兵营。线国安护送孔有德灵柩还京，同时也把孔四贞带回了北京。孔有德的灵柩运抵北京，顺治皇帝下令隆重祭奠。孝庄皇太后在后宫召见孔四贞，一见她就搂过来说："孩子，你小小年纪就遭此不幸，你就把我当成你母亲吧！"孔四贞立即跪下向孝庄皇太后行拜亲之礼，口称："谢母后，祝母后万寿无疆！"顺治皇帝就把这位认的妹妹封为了郡主。

顺治十三年（1656 年），在孝庄皇太后亲自主持下，孔四贞终于和孙延龄成亲，一切礼仪均按公主出嫁礼仪进行。孙延龄便成为清朝历史上最早的一个娶汉族公主的汉人额驸。康熙十三年（1674 年）正月，吴三桂造反，康熙皇帝派孙延龄为抚蛮将军，可惜孙延龄缺乏政治头脑一度叛清，后虽反正，却被吴三桂之子设计杀害。

孔四贞回到北京之后，见到孝庄太皇太后，母女抱头大哭。孝庄太皇太后安慰了孔四贞，并仍旧让孔四贞住在宫内。自此，孔四贞和孝庄太皇太后形影不离，直至最后病死在宫中。据说，现位于京城玉渊潭西边的公主坟正是她的坟址。

可见这位公主的头衔是正道儿裹封来的，不是野道儿裹赚来的。并且这位公主也绝不像影视剧中的还珠格格小燕子那样不懂规矩，她对太后和皇后等人向来都是恭敬有加，这才是历史上真正的汉族格格的故事。

怎样？听了这段历史你是否觉得真正的历史并没有电视剧里那样吸引人呢？但是无论如何，我们在看完了这段故事之后，都应该弄清楚历史的真相，不要被好看的电视剧误导啊！

3. 历史剧中蕴涵的历史知识

《三国演义》中的"三顾茅庐"与
《赤壁》中的"火烧赤壁"

无论有没有读过有关三国时期的史书，相信大家都会对"三顾茅庐"、

"桃园三结义"剧照

"火烧赤壁"、"桃园三结义"……这些故事耳熟能详，因为这些故事不仅被后世广为传颂，还不断地出现在各类影视作品中。

关于"三顾茅庐"这一情节，小说《三国演义》整整用了两回的篇幅来描写，并且基本是作家的虚构。尽管如此，这段情节却并非空穴来风，根据诸葛亮《前出师表》云"三顾臣于草庐之中"，陈寿《上诸葛亮集表》也说"乃三顾亮于草庐之中"。可以看出，这一情节的虚构不仅完全有史实的支撑，而且还很好地塑造了刘备、诸葛亮等人物形象，表达了小说的主题。正是因为《三国演义》能正确处理史料文献，掌握虚实的艺术法则，所以这部小说才能风靡至今，经久不衰。央视版《三国演义》就鉴于小说深厚的文化影响，尤其是难以超越的艺术水平，选择忠实地再现原著的情节、精神，着重表现了刘备三顾茅庐的真诚，不失为经典之作。

至于我们熟悉的赤壁之战，在各类影视剧中出现的频率就更高了。比如电影《赤壁》，就浓墨重彩地刻画了这场战争的全貌，让我们再次领略了赤壁之战的宏大战争场面。

影片以长坂坡之战开场，曹操在击溃刘备后，认为对他称霸天下有威胁的是东吴，再加上曹操钟爱的小乔誓死不从，令他大发雷霆，执意攻打

电影《赤壁》剧照

东吴。孙权派鲁肃以吊唁刘表之名与刘备会面，商讨联合抗曹的事情。刘备在同意了与东吴联合抗曹的建议之后，派诸葛亮前往东吴。孙权的妹妹孙尚香与鲁肃用"激将法"坚定了孙权抗曹的决心，并且把周瑜召回，主持抗曹。两军最终在赤壁相遇，小乔夜探曹营，与曹操论茶道拖延时间，最终联军战胜曹军，小乔与其子平安均安然无恙。

　　但是关于赤壁之战，史书中是这样记载的：

　　曹操基本统一北方后，作玄武池训练水兵，并对可能动乱的关中地区采取措施，随即于建安十三年七月出兵十多万南征荆州，欲一统南北。时孙权已自江东统军攻克夏口，打开了西入荆州的门户，正相机吞并荆、益州，再向北发展；而依附荆州牧刘表

《赤壁》海报

的刘备，经"三顾茅庐"得诸葛亮为谋士，以其隆中对策，制订先占荆、益，联合孙权，进图中原的策略，并在樊城大练水陆军。曹军劳师、水土不服、短于水战、战马无粮等弱点，坚定了孙权抗曹的决心。孙权不顾主降派张昭等反对，命周瑜为大都督，程普为副都督，鲁肃为赞军校尉，率3万精锐水兵，与刘备合军共约5万，溯江水而上，进驻夏口。

曹操乘胜取江陵后，又以刘表大将文聘为江夏太守，仍统本部兵，镇守汉川（今江汉平原）。益州牧刘璋也遣兵给曹操补军，开始向朝廷交纳贡赋。曹操更加骄傲轻敌，不听谋臣贾诩暂缓东下的劝告，送信恐吓孙权，声称要决战吴地。冬，亲统军顺长江水陆并进。

孙刘联军在夏口部署后，溯江迎击曹军，遇于赤壁。曹军步骑面对大江，失去威势，新改编及荆州新附水兵，战斗力差，又逢疾疫流行，以致初战失利，慌忙退向北岸，屯兵乌林（今湖北洪湖境），与联军隔江对峙。

今日的赤壁

曹操下令将战船相连，减弱了风浪颠簸，利于北方籍兵士上船，欲加紧演练，待机攻战。周瑜鉴于敌众己寡，久持不利，决意寻机速战。部将黄盖针对曹军"连环船"的弱点，建议火攻，得到赞许。黄盖立即遣人送伪降书给曹操，随后带船数十艘出发，前面10艘满载浸油的干柴草，以布遮掩，插上与曹操约定的旗号，并系轻快小艇于船后，顺东南风驶向乌林。接近对岸时，戒备松懈的曹军皆争相观看黄盖来降。此时，黄盖下令点燃柴草，各自换乘小艇退走。火船乘风闯入曹军船阵，顿时一片火海，迅速延及岸边营屯。联军乘势攻击，曹军伤亡惨重。曹操深知已不能挽回败局，下令烧余船，引军退走。联军水陆并进，追击曹军。曹操引军离开江岸，取捷径往江陵，经华容道（今潜江南）遇泥泞，垫草过骑，得以脱逃。曹操留曹仁守江陵，满宠屯当阳，自还北方。周瑜等与曹仁隔江对峙，并遣甘宁攻夷陵（今宜昌境）。曹仁分兵围甘宁。周瑜率军往救，大破曹军，后还军渡江屯北岸，继续与曹仁对峙。刘备自江陵回师夏口后，溯汉水欲迂回曹仁后方。曹仁自知再难相持，次年被迫撤退。

火烧赤壁

赤壁之战，曹操自负轻敌，指挥失误，加之水军不强，终致战败。孙权、刘备在强敌面前，冷静分析形势，结盟抗战，扬水战之长，巧用火

攻，创造了中国军事史上以弱胜强的著名战例。

今天，我们通过影视作品就更容易形象地理解当时那一场宏大的战争场面了。此外，片中还有诸葛亮制作天灯的小插曲，天灯之所以也被称作"孔明灯"，就是来源于此。

"垂帘听政"的多面慈禧

说到"垂帘听政"，大家的头脑中一定会首先出现——慈禧。慈禧是中国历史上最出名的"垂帘听政"者之一，但她却并不是最早的"垂帘听政"者。下面就给大家介绍一下"垂帘听政"的历史。

慈禧

"垂帘听政"简称"垂帘"，皇后、皇太后临朝听政、处理国家大事，因在宝座前设帘遮蔽，故称。归政叫"撤帘"。历史上的"垂帘听政"多因嗣君年幼。在我国历史上最早可以追溯到战国时期。战国时期皇帝去世后，如果继位的皇帝年纪幼小，可以由小的母亲辅政。但是根据宫廷的规定，朝中官员不得直接观看和接触皇太后，所以辅政的皇太后一般坐在皇帝理政厅堂侧面的房间里，在房间和厅堂之间挂一帘子，听官员们与皇帝谈论政务。于是，这种由母亲帮助皇帝辅政的制度，就被人们形象地称为"垂帘听政"。

最早的"垂帘听政"，要数战国时期的赵太后。赵太后听从触龙的讽谏，把幼子长安君送到齐国做人质，求得齐军帮助，解了赵国之危。唐朝时，著名的女皇武则天在称帝前，也曾垂帘听政过。宋朝有两个垂帘听政

边玩边学 历史

者。一个是北宋的高太后。高太后是宋英宗的皇后。英宗死后，宋神宗继位仅一年就死了，由年仅 10 岁的宋哲宗继位。高太后"受英之托"，以太皇后（皇帝祖母）的身份听政。另一个是南宋的谢太后。咸淳十年（1274年），宋恭宗即位时尊她为太皇太后，垂帘听政。北宋时期的辽国萧太后，在其子辽圣宗即位时，也是皇太后身份垂帘听政，期间与宋真宗订立了有名的"澶渊之盟"。

关于"垂帘听政"史书记载也有很多，比如《旧唐书·高宗纪》："自诛上官仪后，上每视朝，天后垂帘于御座后，政事大小，皆预闻之，内外称为二圣。"《宋史·礼志二十》："乾兴元年，真宗即位，辅臣请与皇太后权同听政。礼院议：自四月内东门小殿垂帘，两府合班起居，以次奏事，非时召学士亦许至小殿。"又"徽宗即位，皇太后权同听政。三省、枢密院聚议……曾布曰：'今上长君，岂可垂帘听政？请如嘉佑故事。'"《元史·后妃传·定宗钦淑皇后》："定宗崩，后抱子失列门垂帘听政者六月。"《清史稿·后妃传·孝钦显皇后》："咸丰十一年十一月乙酉朔，上奉两太后御养心殿，垂帘听政。"这，就是中国历史上最有名的"垂帘听政"。

英法联军的一把大火焚毁了圆明园。腐败没落的清王朝惧怕列强的气焰，在英法联军的大炮和刺刀下签订了一系列丧权辱国的不平等条约。咸丰皇帝蜷伏于热河行宫，沉湎于酒色之中，终日与丽妃等缠绵厮混，不理朝政。

1861 年，咸丰帝去世，慈禧太后 6 岁的独子载淳嗣位。临终前，咸丰任命载垣等八大臣辅政。鉴于康熙初年曾出现辅政大臣鳌拜专权的先例，咸丰帝使用对辅政大臣牵制之策，即把他的"同道堂"、"御赏"玺，分别赐予载淳及皇太后钮祜禄氏，以二玺代替朱笔。辅政大臣所拟上谕，必须加盖这两方印章才能奏效。当时载淳年幼，"同道堂"印就落在生母慈禧皇太后手中，这为素有政治权欲的慈禧临朝预政提供了契机。她拉拢慈安皇太后，联合恭亲王奕䜣，于咸丰帝死后不久发动了辛酉政变，将辅政大臣斩首抄家，解职戍边，彻底肃清了她的政敌集团。载淳举行了象征式的登基典礼，两宫皇太后就立即以皇帝的名义发出上谕，令大臣汇编以往各代皇太后临朝预政事迹，并美其名曰《治平宝鉴》，作为一本垂帘听政的历史依据。咸丰十一年十一月初一，她们携载淳到养心殿东暖阁，正式垂帘听政，设两太后宝座在皇帝宝座之后，中间以八扇黄屏风隔开。为使此举更具合法性，恭亲王等人还制定了《垂帘章程》。至1873年（同治十二年），载淳成年后，两宫皇太后被迫撤帘归政。

但同治帝亲政不到两年，就因病而死。因无子嗣位，慈禧再次玩弄政治手段，精心设计择立同治帝年幼的叔伯兄弟载湉继位，使两宫皇太后二次垂帘终又得逞。

到光绪七年（1881年），慈安皇太后暴死，只剩慈禧一人垂帘听政。光绪帝成年亲政后，支持戊戌变法，尝试以康有为等人为首的资产阶级改良派发起的一次改良运动，目标为改变清朝祖制成法，因而遭慈禧等顽固派的忌恨。1898

《垂帘听政》电影海报

年9月21日，慈禧太后等人发动戊戌政变，企图乘光绪皇帝到天津阅兵时举行政变，以废黜光绪帝。光绪帝得知后，曾拉拢新建陆军首领袁世凯救护光绪帝，结果却被袁世凯出卖。光绪帝被幽禁于中南海瀛台，慈禧太后随即杀害策划维新变法的"戊戌六君子"谭嗣同、林旭、杨锐、杨深秀、刘光第、康广仁，并通缉康有为和梁启超，罢免维新官员，戊戌变法彻底失败。解除了光绪帝的皇权后，慈禧再次临朝 10 年，称为"慈恩训政"，直至去世为止。慈禧通过垂帘听政之途，操纵同治、光绪两朝皇帝，掌握清朝朝政达 48 年之久。她勾结帝国主义，镇压了农民起义，使中国沦为半封建半殖民地社会，人民处于水深火热之中，清王朝走上了穷途末路的最终归宿。

历史上的慈禧的确罪孽深重，早期的影视作品大都极力刻画慈禧丑恶的面目，但是随着社会的发展，之后的许多影视作品却大大颠覆了慈禧的形象，展现了她更为真实以及平凡的一面。如电影《谭嗣同》中，有慈禧痛骂光绪的镜头，当慈禧说到"自你五岁进宫，我辛辛苦苦把你拉扯成人"时，我们所看到的慈禧再也不是银幕上惯常看到的那个既阴险毒辣又反动无比的老太婆，而是一个平凡而真实的人了。同样，连续剧《走向共和》中也为我们展现了一个不同于以往教科书印象的慈禧，一个更加真实的慈禧。这都告诉我们：影视剧的塑造有多种形式，历史也可以有多种理解。

4. 给历史剧找谬误

当然，在欣赏历史剧影视作品的同时，我们需要带着思考去看、去想，毕竟影视编剧不是历史学家，他们需要照顾到收视率和剧情的连贯性，再加上一些艺术的处理手法，很容易会造成剧情与史实的出入。作为影视作品，我们无须对之强加要求，但是我们要有自己清醒的认识和判断，只要用心看、用心学，长此以往，你一定能够练出一双"火眼金睛"，影视剧中的任何错误都不会逃过你的眼睛。下面，让我们来给一些历史剧"找找茬"吧！

比如在一部讲述汉武帝的历史剧中，剧中人物金日磾本来就叫金日磾，这是错的，他的金姓是汉武帝亲自赐的，是因获得了休屠王祭天金人，而休屠王就是他的父亲；戏中"戏弄匈使"一段，并不发生在汉朝，实际为曹操的事迹；此外，剧中讲述淮南王刘安曾与匈奴勾结，但事实上，他并没有和匈奴相勾结；为了表现李广将军的英勇善战，剧中安排他战死，但事实上，李广并非战死，而是自杀身亡。

同样，在一部描写三国的电影中，把赤壁之战的原因定位于"为了一个女人"——东吴美女小乔而起，这不能不说是一个极大的失误。因为众所周知，曹操南下，本来是因为在北方平定了袁绍、乌桓，要进一步实现其天下一统的雄心大志。此外，电影随意改动基本史实处很多，比如为了让关羽露镜，就让他在新野之战出现，而事实上当时关羽奉命带兵去了夏口；再有诸葛亮踩着碎步面见孙权，据称古代见皇帝都是如此，可是孙权其时并未称帝，完全没有理由如此；孙尚香被称作"郡主"，也于史无证，"郡主"之名位，晋代始置，唐宋以后方用来称宗室之女，三国时代还尚未出现。

同样令人惊奇的是一些历史剧中，几百年前的盛唐皇帝却能讲出几百年后北宋文人欧阳修《醉翁亭记》里面的名句"醉翁之意不在酒"，诸如此类的还有商朝臣子称商王为"皇帝"，宋朝人大讲"天下兴亡，匹夫有责"等等，实在可气又可笑，这些都需要我们在欣赏影视作品的同时善于发现其中的错误，不要被这些错误的情节牵着鼻子走哦！

好啦！讲了这么多，你是否对这些历史剧的兴趣更大了呢？电影、电视是我们非常喜爱的艺术形式，我们在获得娱乐的同时，也应该发掘出里面的知识点，丰富我们的历史知识，毕竟，边看电视边学历史是多么愉快的事情啊！期待着你们也能从影视作品中学到更多哦！

历史小游戏——七巧板

七巧板是一种智力游戏，是由七块板子组成的，而依靠这七块板子可以拼成许多图形，如三角形、平行四边形等。

七巧板是我国古代劳动人民的发明，其历史至少可以追溯到公元前 1 世纪，到了明代基本定型。

七巧板

那简简单单的七块板，竟能拼出千变万化的图形。谁能想到呢，这种玩具是由一种古代家具演变来的。

宋朝有个叫黄伯思的人，对几何图形很有研究，他热情好客，发明了一种用 6 张小桌子组成的"宴几"——请客吃饭的小桌子。

有人把它改进为 7 张桌组成的宴几，可以根据吃饭人数的不同，把桌子拼成不同的形状，比如 3 人拼成三角形，4 人拼成四方形，6 人拼成六方形……这样用餐时人人方便，气氛更好。

七巧板桌子

后来，有人把宴几缩小改变到只有

七块板，用它拼图，演变成一种玩具。因为它十分巧妙好玩，所以人们叫它"七巧板"。

到了明末清初，皇宫中的人经常用它来庆贺节日和娱乐，拼成各种吉祥图案和文字，故宫博物院至今还保存着当时的七巧板呢！

制作七巧板十分简单，只需要一些简单材料即可，一支笔、一把尺子、一把剪刀和一张纸。

1. 首先，在纸上画一个正方形，把它分为十六个小方格。

2. 再从左上角到右下角画一条线。

3. 在上面的中间连一条线到右面的中间。

4. 再在左下角到右上角画一条线，碰到第二条线就可以停了。

5. 再在左下角到右上角画一条线，碰到第二条线就可以停了。

6. 从刚才的那条线的尾端开始一条线，画到最下面四分之三的位置，从左边开始数，碰到线就可停。

7. 最后，把它们涂上不同的颜色并跟黑线条剪开，你就有一副全新的七巧板了。

三、游古国、古迹，学历史

一座座文物古迹都是光辉璀璨的瑰宝，蕴涵着悠久的历史和灿烂的文化，凝结着各个民族的聪明才智和精神文明。而古迹中的一砖一瓦，一草一木都传递着历史文化信息。下面，就让我们畅游古今中外的历史古迹，学习历史知识！

1. 穿行于四大文明古国之间

在同学们谈论文明古国的时候，肯定离不开"四大文明古国"的话题，在北半球的两河流域、尼罗河、黄河、长江流域以及印度河、恒河流域相继产生了世界四大文明。他们是古巴比伦、古埃及、古中国、古印度这四个人类文明最早诞生的地区。文明古国在距今 7000 年~4000 年前，相继由新石器时代进入青铜时代，进而步入铁器时代。社会制度大多采用奴隶制，国家政权则较晚诞生。

四大文明古国都有自己的神话传说，他们利用神话来加强自己的专制主义统治，古埃及的法老自称是"太阳神的儿子"，古巴比伦的统治者汉谟拉比自称"月神的后裔"，中国的君主自称天子；四大文明古国都有自己的历法，一年都分 12 个月并且有闰月；都创造了自己的文字：中国的甲骨文，埃及的象形文字、两河流域的楔形文字等；印度河、黄河、两河流域的文明都使用陶轮制陶，黄河和两河流域都计算了圆周率，中国和巴比伦都发现了勾股定理，印度则发明了阿拉伯数字。

下面就让我们一起在四大文明古国之间穿行，欣赏文明古国的历史画面——

中国：东方的那一颗明珠

中国是世界文明发达最早的国家之一，有将近 4000 年的有文字可考的历史。发现于云南的"元谋人"，距今约 170 万年，是中国境内已知最早的

边玩边学历史

原始人类；中国也是世界上经济发展最早的国家之一，早在五六千年以前，居住在黄河流域一带的人们，就以农业为主，并饲养家畜；3000多年前的商代，已有了冶炼青铜的技术，并制造使用铁器；在制陶技术方面，有了白陶和釉陶；丝织生产也相当发达，产生了世界上最早的提花丝织技术。真可谓悠悠千年，道之不尽。让我们在古迹中找寻祖国的悠悠历史吧。

（1）长城

长城位于中国的北部，它东西南北交错，绵延起伏于我们伟大祖国辽阔的土地上。它好像一条巨龙，翻越巍巍群山，穿过茫茫草原，跨过浩瀚的沙漠，奔向苍茫的大海，延绵万里，在军事上发挥着它重要的防御作用。

长　城

根据历史文献记载，在古代中国有20多个诸侯国和封建王朝都修筑过长城，若把各个时代修筑的长城加起来，大约有10万里以上，故有"万里长城"之名。而长城超过1万里的有3个朝代：一是秦始皇时修筑的西起临洮，东止辽东的万里长城；二是汉朝修筑的西起今新疆，东止辽东的内外长城和烽燧亭障，全长1万多千米；三是明朝修筑的西起嘉峪关，东到鸭绿江的长城，全长8851.8千米（2009年修订）。这些长城的遗址分布在我国今天的新疆、甘肃、宁夏、陕西、山西、内蒙古、河北、北京、天津、辽宁、吉林、黑龙江、河南、湖北、湖南和山东等10多个省、直辖市、自治区。其中仅内蒙古自治区境内就有遗址3万多里，其次长的是甘肃的长城。

嘉峪关城楼

请欣赏我国研究长城的专家罗哲文先生写的对联《长城赞》：

起春秋，历秦汉，及辽金，至元明，上下两千年。数不清将帅吏卒，黎庶百工，费尽移山心力，修筑此伟大工程。坚强毅力，聪明智慧，血汗辛勤，为中华留下巍峨丰碑。

跨峻岭，穿荒原，横瀚海，经绝壁，纵横十万里。望不断长龙烽堠，雄关隘口，犹如玉带明珠，点缀成江山锦绣。起伏奔腾，飞舞盘旋，太空遥见，给世界增添壮丽奇观。

（2）敦煌莫高窟

在我国甘肃省敦煌市东南的鸣沙山，除了茫茫的戈壁、黄沙，还有一颗耀眼的明珠，闪烁着迷人的光彩，那便是世界闻名的艺术宝库敦煌莫高窟，又名"千佛洞"。

莫高窟的开凿始于公元366年。据记载，一位德行高超的和尚西游至此，见千佛闪耀，心有所悟，于是凿下第一个石窟。从十六国到元朝，石窟的开凿一直延续了10个朝代，1500年，至今第一个石窟早已无法分辨得出，而莫

敦煌莫高窟外景

边玩边学历史

莫高窟内的雕像

高窟经过风沙侵蚀目前保存下来492个洞窟，其中共有彩色塑像3000余尊，各种壁画4.5万多平方米和唐宋窟檐木构建筑五座，此外，还有藏经洞发现的四五万件手写本文献及各种文物，其中有上千件绢画、版画、刺绣和大量书法作品。如果把所有艺术作品一件件排列起来，便是一座超过25千米长的世界大画廊。

莫高窟壁画

　　这么伟大的历史古迹，令外国人也叹为观止，外国旅游者感叹道："看了敦煌莫高窟，就等于看到了全世界的古代文明。""莫高窟是世界上最长、规模最大、内容最丰富的画廊。""它是世界现存佛教艺术最伟大的宝库。"
……

　　但在近代，莫高窟受到骗取、盗窃，文物大量流失，其宝藏遭到严重破坏，令人们叹息不止。保护文物，刻不容缓。

　　敦煌莫高窟因为她的艺术卓尔不群被列入《世界遗产名录》，同样被列入《世界遗产名录》的还有西安秦始皇陵及兵马俑坑。

（3）西安秦始皇陵及兵马俑坑

秦始皇陵位于西安市临潼区城东约 5 千米，距西安市城区约 37 千米，南倚骊山，北临渭水。秦始皇陵墓近似方形，顶部平坦，腰略呈阶梯形，高 76 米，东西长 345 米，南北宽 350 米，占地 120750 平方米。根据初步考察，陵园分内城和外城两部分，内城呈方形，周长 3000 米左右，北墙有 2 门，东、西、南 3 墙各有 1 门；外城呈矩形，周长 6200 余米，四角各有

兵马俑一号坑

门址一处；内、外城之间有葬马坑、珍禽异兽坑、陶桶坑；陵外有马厩坑、人殉坑、刑徒坑、修陵人员墓葬 400 多个，范围广及 25～56 平方千米。秦始皇兵马俑陪葬坑，是世界最大的地下军事博物馆，俑坑布局合理，结构奇特，坐西向东，三坑呈品字形排列。其中最早发现的是一号俑坑，俑坑四面有斜坡门道，左右两侧又各有一个兵马俑坑，现称二号坑和三号坑。

一号坑最大，呈长方形，东西长 230 米，南北宽 62 米，坑深 5 米，面积 14260 平方米，坑底每隔 3 米架起一道东西向的承重墙，上千余陶人陶马排列在墙间空档的过道中，并井然有序地排列成环形方阵。俑坑东端有 210 个与人等高的陶武士俑，面部神态、服式、发型各不相同，个个栩栩如生，形态逼真，排成三列横队，每列 70 人，其中除 3 个领队身着铠甲外，其余均穿短褐，

兵马俑

腿扎裹腿，线履系带，免盔束发，似待命出发的前锋部队。其后，是6000个铠甲俑组成的主体部队，个个手执3米左右长矛、戈、戟等长兵器，同35乘驷马战车间隔在11条东西向的过洞里，排成38路纵队。南北两侧和两端，各有一列武士俑，似为卫队，以防侧尾受袭。这支队伍阵容齐整，装备完备，威风凛凛，气壮山河，是秦始皇当年浩荡大军的艺术再现，具有强烈的艺术感染力。

跪　俑　　　　　　兵马俑之铜马车　　　　　　兵马俑之战马

　　二号坑有陶俑陶马1300多件，战车80余辆，青铜兵器数万件，其中将军俑、鞍马俑、跪姿射俑为首次发现。秦始皇凭借他"大略驾群才"的能力，灭六国，统天下。就连唐朝大诗人李白都惊呼："秦王扫六合，虎视何雄哉！挥剑决浮云，诸侯尽西来。"

　　同学们，现在咱们看到的兵马俑都是灰色的，你知道他们的原本颜色吗？有专家介绍，兵马俑在最初时都是彩绘的，后来因深埋地下、火烧等原因，有的彩绘脱落，有的因遇空气等原因变成了灰色，如果被挖的区域没全部被火烧过的话，人们很可能会看到精美的彩色兵马俑，这点真是非常可惜。

　　在中国人的眼中，一提到"去西天取经"，人们便想到了那个古老的佛教国度——印度。

印度：拥有"完美建筑"的国度

　　和古代埃及的尼罗河、两河流域以及中国的黄河、长江一样，印度河、恒河同样酝酿了光耀人寰、彪炳史籍的古代文明。

在距今50万年以前，印度次大陆就已有了远古先民，他们同样是刀耕火种、渔猎采集，在此一代代地繁衍生息，到了距今1万年左右的新石器时代，印度境内遍布了居民点，人们已开始从事农业，驯养家畜，制造精美的生活用具，这一切，为一个辉煌灿烂的古代文明的诞生提供了沃土，这就是被人称作"月亮之国"的印度。那么，来到印度，我们一定要去这两个地方：印度金庙和泰姬陵。同学们，我们出发吧——

（1）印度金庙

印度金庙也叫维西瓦纳特庙，位于印度边境城市阿姆利则，是瓦腊纳西寺庙中地位最高的一座，金庙由锡克教第5代祖师阿尔琼1589年主持建造，1601年完工，迄今已有400年的历史。

远眺印度金庙

因该庙门及大小19个圆形寺顶均贴满金箔，在阳光照耀下，分外璀璨夺目，所以一直以来被锡克人尊称为"上帝之殿"，此地非印度教徒不得入内，该庙供奉印度教湿婆神。

（2）泰姬陵

泰姬陵，全称为"泰吉·玛哈尔陵"，又译泰姬玛哈，是印度知名度最高的古迹之一，距新德里200多千米外的北方邦的阿格拉城内，是莫卧儿王朝第5代皇帝沙贾汗为了纪念他已故皇后阿姬曼·芭奴而建立的陵墓，被

印度金庙外景

誉为"完美建筑"。泰姬陵占地甚广，由前庭、正门、蒙兀儿花园、陵

边玩边学历史

墓主体以及两座清真寺组成。泰姬陵最引人注目的是其全部用纯白大理石砌建而成，皇陵上下左右工整对称，中央圆顶高 62 米，四周有四座高约 41 米的尖塔，最值得一提的是每座塔均向外倾斜 12 度，若遇地震只会向四方倒下，而不会影响主殿。另外，塔与塔之间耸立了镶满 35 种不同类型的半宝石的墓碑，绚丽夺目、美丽无比，具有极高的艺术价值。

更令人惊讶的是，泰姬陵在早中晚所呈现出的景观各不相同，早上是灿烂的金色；白天的阳光下是耀眼的白色；斜阳夕照下，白色的泰姬陵从灰黄、金黄，逐渐变成粉红、暗红、淡青色，而在月光下又成了银白色，白色大理石映着淡淡的蓝色荧光，更给人一种恍若仙境的感觉。

有人说，不看泰姬陵，就不算到过印度；不在月光下来到泰姬陵，就不算到过泰姬陵。2004 年 11 月 27 日，泰姬陵有条件地对游客开放夜游，门票高达 1500 卢比，成为世界上唯一一个早中晚游览票价不一样的景点。

泰姬陵

所以说，泰姬陵无论构思还是布局都是一个完美无缺的整体，它充分体现了伊斯兰建筑艺术的庄严肃穆、气势宏伟的独特魅力，不愧为是世界新七大奇迹之一。

离开印度，我们穿过炎炎烈日和黄沙漫天的阿拉伯沙漠，来到了《一千零一夜》的故乡。在丰沃的底格里斯河和幼发拉底河的灌溉中，孕育了美索不达米亚平原，也诞生了灿烂的古巴比伦文明。

古巴比伦：饮誉世界的两河文明

古巴比伦位于美索不达米亚平原，大致在当今的伊拉克共和国版图内，在公元前 3000 年左右，这里的人们建立了国家，到公元前 18 世纪，这里出现了古巴比伦王国。因为这里流淌着幼发拉底河和底格里斯河，故又称为两河流域。两河流域目前发现的最早的文明距今已有 6000 多年。虽然巴比伦现已消失，但其影响（尤其宗教方面）却很多流存至今，成为四大文明古国之一实在当之无愧。

巴比伦是一座令人神往的古城，它位于幼发拉底河和底格里斯河的交汇处。早在公元前 1830 年左右，阿摩利人就以巴比伦为都城，建立了古巴比伦王国。古巴比伦王国时期是两河流域历史上最辉煌的时期之一。这个国家出现了一位著名的君主——汉谟拉比。

汉谟拉比用武力统一了两河流域后，建立了一个中央集权的专制国家。他个人集宗教、军事、行政、司法和水利建设等各种大权于一身。为了更有效地统治自己的国家，他颁布了著名的《汉谟拉比法典》。法典共 282 条，刻在一块高 2.25 米的黑色玄武岩石柱上，是迄今发现的世界上最完备的成文法典。

古巴比伦王国在汉谟拉比统治时期达到鼎盛。在汉谟拉比死后，巴比伦不断受到外族的进攻，历经了 500 多年的战乱。直到公元前 7 世纪末，才在尼布甲尼撒领导下，建立了新巴比伦王国。然而，88 年后，新巴比伦王国又被波斯人彻底毁灭。随着巴比伦王朝的覆灭，显赫一时的古城巴比伦也日渐消失在荒草之中了。

在新巴比伦王国时期，巴比伦也是古代两河流域最壮丽最繁华的都城，巴比伦古城有内外两道城墙，城里最壮观的建筑物，就是著名的"空中花园"，以及那座据说让上帝感到又惊又怒的巴别通天塔。

（1）空中花园

著名的"空中花园"是国王尼布甲尼撒二世建造的，它依偎在幼发拉

边玩边学历史

底河畔。"空中花园"当然不是吊于空中，这个名字纯粹是出自对希腊文paradeisos一字的意译。其实，paradeisos直译应译作"梯形高台"，所谓"空中花园"实际上就是建筑在"梯形高台"上的花园。关于它还有一段美丽的传说：

"空中花园"效果图

相传，尼布甲尼撒二世娶波斯国公主塞米拉米斯为妃，公主日夜思念花木繁茂的故土，郁郁寡欢，国王为取悦爱妃，下令在都城巴比伦兴建了高达25米的花园。此园采用立体叠园手法，在高高的平台上，分层重叠，层层遍植奇花异草，并埋设了灌溉用的水源和水管，花园由镶嵌着许多彩色狮子的高墙环绕。王妃看见后非常高兴。从远处望去，此园如悬空中，故称"空中花园"，也称"悬苑"。

巴比伦城又被叫做"冒犯上帝的城市"，这是为什么呢？我们从下面对"巴别塔"的介绍中就能略知一二。

（2）巴别塔

巴别塔

《圣经·旧约》上说，人类的祖先最初讲的是同一种语言。他们在底格里斯河和幼发拉底河之间，发现了一块非常肥沃的土地，于是就在那里定居下来，修起了城池。后来，他们的日子越过越好，决定修建一座可以通到天上去的高塔，这就是巴别塔。他们用砖和河泥作为建筑的材料。直到有一天，高高的塔顶已冲入云霄。

上帝耶和华得知此事，立即从天国下凡视

察。上帝一看，又惊又怒，认为这是人类虚荣心的象征。上帝心想，人们讲同样的语言，就能建起这样的巨塔，日后还有什么办不成的事情呢？于是，上帝决定让人世间的语言发生混乱，使人们互相言语不通。后来人们就把巴比伦叫做"冒犯上帝的城市"。这个故事为"巴别塔"蒙上了神秘的色彩，可不管怎样，新巴比伦王国建立后，尼布甲尼撒二世下令重建通天塔这是真实的事情。他命令全国不分民族、不分地区都要派人来修建此塔。重建的巴别塔共有 7 层，总高 90 米，塔基的长度和宽度各为 91 米左右。

在高耸入云塔顶上，还建有壮观的供奉马都克主神的神殿，塔的四周是仓库和祭司们的住房。在 5000 多年前，人们能建起这样一座如此巍峨雄伟的通天塔，实在是人世间的一大奇迹。遗憾的是，巴别塔如今剩下的仅仅是一块长满了野草的方形大地基的残迹了。

千百年过去了，不知有多少人一直在寻找巴比伦古城遗址。1899 年 3 月，一批德国考古学家在今天巴格达南 50 多千米的幼发拉底河畔，进行了持续 10 多年之久的大规模考古发掘工作，终于找到了已经失踪 2000 多年，由尼布甲尼撒二世在公元前 605 年改建后的巴比伦古城遗址。考古学家们现在仍在巴比伦古城遗址上进行着发掘工作，许多宫殿、神庙、街道和住房已经渐渐露出地面。考古学家们正在和历史学家、艺术家们一起，根据发掘出来的文物，复制古城巴比伦大多数建筑物的原型，以便有朝一日能使这座人类宏伟的古城恢复旧观，展现在人们面前。同样，这也是我们的期待。

同学们，你们知道吗，世界上有一个地方，是拿破仑致敬的地方，它就是古埃及。

古埃及：拿破仑致敬的地方

古埃及是从公元前4000多年开始直到公元前332年被亚历山大大帝征服而结束，共经历了前王朝、早王朝、古王国、第一中间期、中王国、第二中间期、新王国、后王朝8个时期31个王朝的统治。

古埃及最早形成的国家叫做诺姆，也叫州，是一种城邦式的国家。公元前3000年左右，传说美尼斯统一上、下埃及，建立第一王朝，定都孟菲斯（今开罗西郊），发展农业，开发水利。而古埃及真正的统一是在古王国时代，这是古埃及史上农业、手工业、商业、建筑业等各项事业全面发展的第一个伟大时代，确立了以官僚体制为基础的、君主独裁的专制统治。另外，古埃及的文化源远流长，它创造的象形文字对后来腓尼基字母的影响很大，而希腊字母是在腓尼基字母的基础上创建的。此外，金字塔、亚历山大灯塔、阿蒙神庙等建筑体现了埃及人高超的建筑技术和数学知识。

（1）金字塔

金字塔位于埃及首都开罗西南部金黄色的沙漠中，因为它的外形像中国的汉字"金"，所以中国人称它为金字塔。埃及金字塔是埃及古代奴隶社会的方锥形帝王陵墓。

金字塔

埃及共发现金字塔96座，所有金字塔中最大的一座是第四王朝法老胡夫的金字塔。这座大金字塔原高146.59米，经过几千年来的风吹雨打，顶端已经剥蚀了将近10米。在1888年巴黎建筑起埃菲尔铁塔以前，它一直是世界上最高的建筑物。这座金字塔的底面呈正方形，每边长230多米，绕金字塔一周，差不多要走1千米的路程。胡夫的金字塔除了以其规模的巨大而令人惊叹以外，还以其高度的建筑技巧而得名。塔身的石块之间，没有任何水泥之类的黏着物，而是一块石头叠在另一块石头上面，每块石头都磨得很平，虽然至今已历时数千年，但人们仍旧很难用一把锋利的刀刃

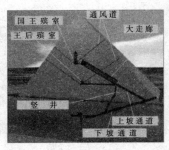

金字塔内部结构

插入石块间的缝隙，所以能历数千年而不倒，这不能不说是建筑史上的一个奇迹。另外，在大金字塔身的北侧离地面 13 米高处有一个用 4 块巨石砌成的三角形出入口。这个三角形用得很巧妙，因为如果不用三角形而用四边形，那么，100 多米高的金字塔本身的巨大压力将会把这个出入口压塌，而用三角形，就使那巨大的压力均匀地分散开了。在 4000 多年前对力学原理有这样的理解和运用，能有这样的构造，确实是十分了不起。

胡夫死后不久，在他的大金字塔不远的地方，又建起了一座金字塔。这是胡夫的儿子哈夫拉的金字塔。它比胡夫的金字塔低 3 米，但由于它的地面稍高，因此看起来似乎比胡夫的金字塔还要高一些。这座金字塔的附近建有一个雕着哈夫拉的头部而配着狮子身体的大雕像，即所谓狮身人面像。除狮是用石块砌成之外，整个狮身人面像是在一块巨大的天然岩石上凿成的。它至今已有 4500 多年的历史。为什么刻成狮身呢？在古埃及神话里，狮子乃是

狮身人面像

各种神秘地方的守护者，也是地下世界大门的守护者。因为法老死后要成为太阳神，所以就造了这样一个狮身人面像为法老守护门户。

（2）亚历山大灯塔

关于亚历山大灯塔有这样一个故事：公元前280年秋天的一个夜晚，月黑风高，一艘埃及的皇家喜船，在驶入亚历山大港时，触礁沉没了，船上的皇亲国戚以及从欧洲娶来的新娘，全部葬身鱼腹。这一悲剧，震惊了埃及朝野上下，埃及国王托勒密二世下令在最大港口的入口处修建导航灯塔。经过40年的努力，一座雄伟壮观的灯塔竖立在法洛斯岛的东端，它立于距岛岸7米处的石礁上。

亚历山大灯塔

公元前330年，不可一世的马其顿国王亚历山大大帝攻占了埃及，并在尼罗河三角洲西北端即地中海南岸，建立了一座以他名字命名的城市亚历山大城，而这座位于埃及亚历山大城边的法洛斯岛上的这座灯塔就被后人称为"亚历山大灯塔"。

当亚历山大灯塔建成后，它以400英尺（1英尺＝0.3048米）的高度当之无愧地成为当时世界上最高的建筑物。他的设计者是希腊的建筑师索斯查图斯。1500年来，亚历山大灯塔一直在暗夜中为水手们指引进港的路线。一位阿拉伯旅行家在他的笔记中这样记载着："灯塔是建筑在三层台阶之上，在它的顶端，白天用一面镜子反射日光，晚上用火光引导船只。"

14世纪，亚历山大城发生了一场罕见的大地震，摇晃的大地以巨大的力量摧毁了这座古代世界的建筑奇迹，这座亚历山大城的忠诚卫士，这顶亚历山大城的王冠就这样消失了。又过了一个世纪，埃及国王玛姆路克苏丹为了抵抗外来侵略，保卫埃及及其海岸线，下令在灯塔原址上修建了一座城堡，并以他本人的名字命名。埃及独立之后，城堡改成了航海博物馆。以上就是亚历山大灯塔的前世与今生，一座灯塔承载了数千年的历史，饱经沧桑。

简要了解了四大文明古国及其名胜古迹的我们，有什么感想吗？快把你的感受和疑问记录下来吧。

古国，犹如一本厚厚的史书，记载了千年的文明，留给后人的是追逐，是探寻，是感悟，是传承，悠悠古国，行者无疆，千年一叹。

同学们，让我们继续在古迹中品读历史，追逐那永恒的文化。

2. 在古迹中品读历史

（1）在老家转转

峨眉山：藏在四川的佛教名山

"蜀中多仙山，峨眉邈难匹"，"峨眉高出西极天"这是唐代大诗人李白赞美峨眉山的诗句。峨眉其因有山峰相对如蛾眉，故名。其山势雄伟，隘谷深幽，飞瀑如帘，云海翻涌，林木葱茏，因而享有"峨眉天下秀"的赞誉。

峨眉山不仅拥有美丽的自然景观，还有着悠久的历史文化，是著名的中国四大佛教名山之一。同学们，你们知道中国的四大佛教名山是指哪些吗？

这四座佛教名山是：四川峨眉山——普贤菩萨的道场、山西五台山——文殊菩萨的道场、浙江普陀山——观世音菩萨的道场、安徽九华山——地藏菩萨的道场。

关于峨眉山是普贤菩萨的道场还有着这样一个美丽的传说。据《峨眉山志》等资料记载：东汉明帝永平六年（公年 63 年）"六月一日，有蒲公者，采药于云窝，见一鹿趺迹如莲花，异之，追之绝顶无踪"。因问在山上结茅修行的宝掌和尚，和尚说是普贤菩萨"依本愿而现像于峨眉山"。蒲公归家后即舍宅为寺，于是峨眉山就发展成普贤菩萨的道场。另有资料说，是晋代的普公在山上采药时，见一老者骑白象隐去。公元 3 世纪，普贤信仰之说在山中传播，中国僧慧持在观心坡下营造普贤寺（今万年寺）。

6 世纪中叶，世界佛教发展重心逐步由印度转向中国，四川一度成为中国佛教禅宗的中心，佛寺的兴建便应运而生，历史上寺庙最多时曾多达100 多座。公元 8 世纪，禅宗独盛，全山禅宗一统。9 世纪中叶，宋太祖赵匡胤，派遣以僧继业为首的僧团去印度访问，回国后，继业奉旨来山营造佛寺，译经传法。

峨眉山的寺庙近 30 座，其中著名的有报国寺、伏虎寺、清音阁、洪椿坪、仙峰寺、洗象池、金顶华藏寺、万年寺八大寺庙。而金顶是峨眉山的

象征，让我们一起去金顶俯瞰万里云海，在金顶欣赏"日出"、"云海"、"佛光"和"圣灯"四大绝景吧。

同学们，现在我们站在了海拔3079.3米的峨眉山金顶，这里地处高寒地带，大家要注意防寒哟。

看，第一绝景已出现在我们面前——日出：居高望远，日出景象浩瀚壮阔，黎明前地平线上天开一线，飘起缕缕红霞，空旷的紫蓝色天幕上，

"日出"景象

一刹那间，吐出一点紫红，缓慢上升，逐渐变成小弧、半圆；颜色由橘红变成金红；然后微微一个跳跃，拖着一抹瞬息即逝的尾光，一轮圆圆的红日悬在天边。

"云海"景象

当还沉浸在日出带给我们的美景中时，又一道绝景浮到了眼前——云海：今日恰逢晴空万里，白云从千山万壑中冉冉升起，苍茫的云海犹如雪白的绒毯，缓缓地铺展在地平线上，光洁厚润，无涯无边，千山万壑隐藏得无影无踪，云海时开时合，恰似"山舞青蛇"，气象雄伟无比。

同学们，请背对着太阳站立，眼前你看到的就是金顶之上的第三大绝景——佛光：当阳光从身后射来时前下方的雾幕上，会出现一个彩虹般光环，中间浮现着他的身影，并且影随人动、形影不离，这就是所谓的"佛光"。即使有成百上千的游人同时观看，各人只看到自己的身影被光环笼罩，如此奇景，四海五洲，绝

边玩边学历史

无仅有，而这种"佛光"又称"峨眉宝光"。佛光是光的一种自然现象，因阳光照射云雾表面而形成。佛光每年平均出现70余次，在下午2点～4点钟出现较多，今天的我们算是很幸运了。

"佛光"景象

第四绝景只有晚上才能看到——圣灯。"圣灯"又名"佛灯"，在金顶无月的黑夜，舍身岩下常出现飘浮的绿色光团，从一点、两点形成千万点，似繁星闪烁跳跃，在黑暗的山谷中飘忽不定，被人们称为"万盏明灯朝普贤"。对此奇特的"圣灯"现象有不同解释：多数认为是大自然中的磷化氢燃烧而产生的；另一种解释是，某些树木上有一种密环菌，当空气达到一定湿度时便会发光。峨眉山以佛教文化和独到迷人的风光，把我们带入了那一个雄秀缥缈的奇妙境界。

峨眉山金顶四面十方普贤金像是世界上最高的金佛，也是第一个十方普贤的艺术造型。金佛系铜铸镏金工艺造像，通高48米，总重量达660吨，由台座和十方普贤像组成。其中，台座高6米，长宽各27米，四面刻有普贤的十种广大行愿，外部采用花岗石浮雕装饰，十方普贤像重350吨。金佛通高48米代表着阿弥陀佛的48个大愿。"十方"一是意喻普贤的十大行愿，二是象征佛教中的东、南、西、

普贤金像

北、东南、西南、东北、西北、上、下十个方位，喻普贤菩萨以圆满的无边愿行，广度十方三世一切众生。普贤大士的十个头像分为三层，神态各异，代表了世人的十种心态。

同学们，你们知道峨眉山武术的地位吗？峨眉与少林、武当共为中土武术的三大宗派。峨眉山武术，内容广泛、技艺精湛、崛起西南、威震全国、称雄东方，誉满全球。峨眉派总的特点，在于亦刚亦柔，玉树临风，是诸家武术中姿态最为优美的一种，你们不妨观上一观，学上一学呀。

确实，雄秀神奇的峨眉山，千百年来以其独具特色的魅力，吸引着无数的信众、香客、文人、学者和僧人，前来游山礼佛、说法传经、赋诗作画、述文记游，创造了璀璨的峨眉山文化，峨眉山并以优美的自然风光和神话般的佛国仙山而驰名中外，同学们，还等什么，带上家人，约上朋友，我们快去参观游玩吧。

游过峨眉山，我们将要去的是下面这首诗吟诵的地方，是哪儿呢，读读诗你就知道了。

破阵子·游乐山赋

百橹轻摇帆影，三江汇注嘉州。

水势山形朝大佛，南北东西引客游。

几多复春秋？

怪侣飞凌云渡，狂朋登碧津楼。

孤卓哑然烟际处，九顶峥嵘兢自由。

看一叶扁舟。

乐山大佛：山是一尊佛，佛是一座山

1996 年 12 月，峨眉山一山大佛被联合国教科文组织遗产委员会列入《世界遗产名录》。

乐山大佛，位于峨眉山东麓的凌云山栖弯峰，濒岷江、大渡河、青衣江三江汇流处。乐山大佛开凿于唐玄宗开元初年（公元713年）。当时，岷江、大渡河、青衣江三江汇合于此，水流直冲凌云山脚，势不可挡，洪水季节水势更猛，过往船只常触壁粉碎。凌云寺名僧海通见此甚为不安，于是发起修造大佛之念，一使石块坠江减缓水势，二借佛力镇水。经三代工匠的努力，至唐德宗贞元十九年（公元803年），前后历经90年时间的大佛终告完工。

大佛通高71米，头高14.7米，头宽10米，发髻1021个，耳长7米，鼻长5.6米，眉长5.6米，嘴巴和眼长3.3米，颈高3米，肩宽24米，手指长8.3米，从膝盖到脚背28米，脚背宽8.5米，脚面可围坐百人以上，因而为世界最高弥勒石刻大佛。在大佛左右两侧沿江崖壁上，还有两尊身高10余米，手持戈戟、身着战袍的护法武士石刻，数百龛上千尊石刻造像，形成了庞大的

乐山大佛

佛教石刻艺术群。大佛左侧沿"洞天"下去就是凌云栈道的始端，全长近500米；右侧是九曲栈道。大拂背负九项山，面向三江汇流，足踏大江，双手抚膝，体态匀称，神势肃穆，依山凿成，刻工线条流畅，比例匀称，庄严肃穆。

同学们，你们不知道吧，就在这尊唐代佛像的背后还有一些鲜为人知的秘密——

秘密一：发髻用石块嵌就。大佛顶上共有螺髻1021个，这是1962年维修时，以粉笔编号数清的。远看发髻与头部浑然一体，实则以石块逐个嵌就。单块螺髻根部裸露处，有明显的拼嵌裂隙，无砂浆粘接。螺髻表面抹灰两层，内层为石灰，厚度各为5~15毫米。

乐山大佛近景

秘密二：两耳以木为之。大佛右耳耳垂根部内侧有一深约25厘米的窟窿，维修工人从中掏出许多破碎物，细看是腐朽了的木泥。这证实了南宋范成大在《吴船录》中的记载"极天下佛像之大，两耳犹以木为之"。由此可知，长达7米的佛耳，不是原岩凿就，而是用木柱做结构，再抹以锤灰装饰而成。在大佛鼻孔下端亦发现窟窿，内则露出三截木头，成品字形。说明隆起的鼻梁，也是以木衬之，外饰锤灰而成。

秘密三：排水系统布全身。乐山大佛的两耳和头颅后面，具有一套设计巧妙、隐而不见的排水系统，对保护大佛起到了重要的作用，使佛像不致被雨水侵蚀。清代诗人王士禛有咏乐山大佛诗"泉从古佛髻中流"。

乐山大佛景区内以唐代摩崖造像——大佛为中心，有秦蜀守李冰开凿的离堆，汉代崖墓群，唐代宝塔、寺庙，宋代抗元九顶城，明清建筑群等古迹，人文景观密集，且与自然景观融为一体，交相辉映。

值得自豪的是，四川的"世界文化遗产"还远不止这些呢。

青城山和都江堰：又一处不简单的"世界文化遗产"

青城山在中国道教史上、都江堰在世界水利史上都具有开创性。

四川青城山位于四川省都江堰市西南15千米处，都江堰渠首工程南侧，是中国著名的历史名山和国家重点风景名胜区，更是我国道教发源地之一，属道教名山。由于山上树木茂盛，山路两旁古木参天，浓阴覆

青城山

地，四季常青，故名青城山。

青城山著名的景点有：上清宫、建福宫、天师洞、天然图画等。

坐落于丈人峰下的建福宫，始建于唐代，后经历代多次修复，现仅存两殿三院。建福宫筑于峭壁之下，气度非凡。

其左侧是明庆府王妃遗址，由此西行1千米，即至天然图画。这里岩石耸立，云雾缭绕，游人至此，如入画境之中。

其北行2千米，便至青城主庙天师洞。相传东汉末年张道陵曾在此讲经传道，其主殿三皇殿中供有唐朝石刻三皇，殿内现存历代石木碑刻，最著名的有：唐玄宗旨书碑、岳飞手书的诸葛亮前后出师表等。出天师洞，过访宁桥，便到祖师殿，再向北去，可到朝阳洞，出之则直达高台上的上清宫。

天师洞

上清宫，始建于晋代，现存庙宇为清同治年间所建，上有"天下第五名山"、"青城第一峰"等摩山石刻。因而青城山以其自然景观和人文景观的幽古清雅博得"青城天下幽"的美称。

上清宫

说起青城山，肯定要提道教，因为它是中国道教的发源地。关于青城山和道教的渊源还得从公元143年（汉安二年）说起，当时，道教创始人张陵（后改名张道陵）来青城山赤城崖舍，用先秦"黄老之学"创立了"五斗米道"即天师道，张陵"羽化"山中，青城山便以道教发源地和天师道祖山、祖庭名标史册。

汉晋之际，道教逐步兴旺，范长生移居青城山，助李雄建立成汉政权，蜀中一时安定繁荣，天师道成为成汉政权和蜀民的精神支柱。公元618～907年间，唐王朝崇奉道教，中国道教进入了一个繁盛时期，青城山尤其兴旺。唐僖宗封青城山为希夷公，亲草祭文，命青城山修灵宝道场周天大醮，设醮位2400个（道士设坛做法事），至此，中国道教发展进入鼎盛时期。

山中道观达40多处，先后演变成7个教派。9世纪晚期，道教学者杜光庭对各派道法进行深入研究，圆融各派，成为一代宗师。他居青城山近30年，著述约30部250多卷，是道教理论集大成者，影响遍及中国道教名山和东南亚各国，成为"道门领袖"之一。五代时，道教音乐进入宫廷。青城道士张孔山传谱的古琴曲《流水》，1977年被美国录入镀金唱片，由"旅行者二号"太空飞船带入太空，在茫茫宇宙寻觅人类知音。现在，青城山仍是弘扬中国道教文化的主要场所。青城山道教古建筑群至今保存完好，不可多得。

古常道观

参观完青城山后，我们马上要去都江堰，看看李冰父子的伟大杰作。在世界古老的著名水利工程中，古巴比伦王国建于幼发拉底河上的纳尔—汉谟拉比渠和古罗马的人工渠道都早已荒废，只有都江堰独步千古，永续利用，长盛不衰。

都江堰

都江堰是著名的古代水利工程，古时属都安县境而名为都安堰，宋元后称都江堰，它位于四川省成都平原西部的岷江上，今都江堰市城西，它处于岷江从山区泻入成都平原的地方。在都江堰建成以前，岷江江水常泛滥成灾。公元前256年，秦国蜀郡太守李冰和他的儿子，吸取前人的治水经验，率领当地人民修建了一座大型水利工程，是全世界至今为止，年代最久、唯一留存、以无坝引水为特征的宏大水利工程。都江堰建成后，成都平原沃野千里，使川西平原成为"水旱从人，不知饥馑"的"天府之国"，这项工程直到今天还在发挥着作用，被称为"活的水利博物馆"。

都江堰水利工程最主要部分是都江堰渠首工程，这是都江堰灌溉系统中的关键设施。渠首主要由鱼嘴分水堤、宝瓶口引水工程和飞沙堰溢洪道三大工程组成。

鱼嘴是在岷江江心修筑的分水堤坝，形似大鱼卧伏江中，它把岷江分为内江和外江，内江用于灌溉，外江用于排洪。

鱼嘴分水堤

飞沙堰是在分水堤坝中段修建的泄洪道，洪水期不仅泄洪水，还利用水漫过飞沙堰流入外江水流的漩涡作用，有效地减少了泥沙在宝瓶口前后的淤积。

宝瓶口是内江的进水口，形似瓶颈，除了引水，还有控制进水流量的作用。

此外，都江堰一带还有二王庙、伏龙观、安澜索桥等名胜古迹。

二王庙位于岷江右岸的山坡上，前临都江堰，原为纪念蜀王的望帝祠，齐建武（公元494年～公元498年）时改为祭祀李冰父子，更名为"崇德祠"。宋代（公元960年～公元1279年）以后，李冰父子相继被

边玩边学历史

皇帝敕封为王，故而后人称之为"二王庙"。庙内主殿分别供有李冰父子的塑像，并珍藏有治水名言、诗人碑刻等。

二王庙

伏龙观位于离堆公园内，传说李冰治水时曾在这里降服恶龙，现存殿宇三重，前殿正中立有东汉时期（公元25年~公元220年）所雕的李冰石像。殿内还有东汉堰工石像、唐代金仙和玉真公主在青城山修道时的遗物——飞龙鼎。

安澜索桥又名"安澜桥"、"夫妻桥"，始建于宋代以前，位于都江堰鱼嘴之上，被誉为"中国古代五大桥梁"，是都江堰最具特征的景观。索桥以木排石墩承托，用粗竹缆横挂江面，上铺木板为桥面，两旁以竹索为栏，全长约500米。明末（17世纪）毁于战火。现在的桥为钢索混凝土桩。

安澜索桥

都江堰的创建，以充分利用自然资源为人类服务为前提，变害为利，使人、地、水三者高度谐和统一，是全世界迄今为止仅存的一项伟大生态工程，开创了中国古代水利史上的新纪元，标志着中国水利史进入了一个新阶段，在世界水利史上写下了光辉的一章。都江堰水利工程，是中国古代人民智慧的结晶，是中华文化划时代的杰作，它以独特的水利建筑艺术创造了与自然和谐共存的水利形式。

四川产生了旷世伟大的奇迹，吸引了世界人的目光；然而四川还因为她的接纳，使中国历史上被称为"诗圣"的杜甫先后在此居住近4年，在此创作了许多名篇佳作。请同学们和我一同吟诵"诗圣"杜甫的这两首"大作"吧——

茅屋为秋风所破歌

八月秋高风怒号，卷我屋上三重茅，茅飞渡江洒江郊。

高者挂罥长林梢，下者飘转沉塘坳。

南村群童欺我老无力，忍能对面为盗贼，公然抱茅入竹去。

唇焦口燥呼不得，归来倚仗自叹息。

俄顷风定云墨色，秋天漠漠向昏黑。

布衾多年冷似铁，娇儿恶卧踏里裂。

床头屋漏无干处，雨脚如麻未断绝。

自经丧乱少睡眠，长夜沾湿何由彻！

安得广厦千万间，大庇天下寒士俱欢颜，风雨不动安如山！

呜呼！何时眼前突兀见此屋，吾庐独破受冻死亦足！

这首诗见《杜工部集》，作于公元761年，时值安史之乱尚未平定之际。唐肃宗上元元年（760年）春，杜甫得亲友资助，于成都西郭外浣花溪畔盖一草堂，以安顿其家。翌年八月，草堂为秋风所破，杜甫百感交集，作文《茅屋为秋风所破歌》以记之。

江　村

清江一曲抱村流，长夏江村事事幽。

自去自来梁上燕，相亲相近水中鸥。

老妻画纸为棋局，稚子敲针作钓钩。

但有故人供禄米，微躯此外更何求？

这首诗写于上元元年。诗人经过4年的流亡生活，来到了这不曾遭到战乱骚扰的、暂时还保持安静的西南富庶之乡成都郊外浣花溪畔。他依靠亲友故旧的资助而辛苦经营的草堂已经初具规模，在饱经离乡背井的苦楚、备尝颠沛流离的艰辛后终于获得了一个暂时安居的栖身之所。时值初夏，浣花溪畔，江流曲折，水木清华，一派恬静幽雅的田园景象。诗人拈来《江村》诗题，放笔咏怀，愉悦之情是可以想见的。此诗本是写闲适心境，但他写着写着，在诗尾处又吐露出落寞不欢之情，使人有惆怅之感。

　　一边吟诵一边了解着这两首在草堂中所写关于草堂的诗后，我们已不知不觉地来到了这浣花溪畔的清幽之地，这个因诗名扬天下，借"诗圣"流芳后世的杜甫草堂。

杜甫草堂：浣花溪畔的清幽之地

　　同学们，来到这清幽之地，我们先静静地参观一番吧。

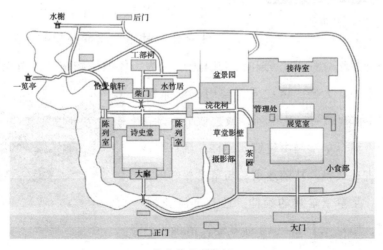

杜甫草堂游览图

说起杜甫草堂，还要追溯到公元 759 年的那个冬天，杜甫为避"安史之乱"，携家由陇右入蜀，营建茅屋而居，称"成都草堂"。杜甫在草堂只居住了三年零九个月，而作为文化圣殿的草堂是不朽的，杜甫在寓居草堂期间，共作诗 240 余首，胸中波澜汇聚于笔底，万物风情跃然于纸上。这些诗作与杜甫的全部创作一脉相承，互为

杜甫草堂

呼应。自然，杜甫与草堂是连在一起的，而草堂也就成了人们情感所系的地方。

杜甫草堂内景

杜甫离开成都后，草堂便不存，五代前蜀时诗人韦庄寻得草堂遗址，重结茅屋，使之得以保存，杜甫草堂是经宋、元、明、清多次修复而成，其中最大的两次重修，是在明弘治十三年（1500年）和清嘉庆十六年（1811 年），基本上奠定了杜甫草堂的规模和布局，演变成一处集纪念祠堂格局和诗人旧居风貌为一体的博物馆，其面积近 300亩，正门、大廨、诗史堂、柴门、工部祠，五重主体建筑一字儿排列，或连或分，幽深难测。整个草堂是由建筑、园林、景点组成的，古朴典雅，扑朔迷离。与草堂相邻的草堂寺，是草堂景观的延伸。还有那浣花祠、梅园，使草堂显得宏阔而多姿，清丽而深

草堂寺

梅　园

邃。至于梅园中的"待雪苑"，则是"园中园"了，其建筑属于非常独特的"混合式"中国古典园林。其中的工部祠后有依据杜诗描写和明代格局恢复重建的"茅屋景区"，重现了诗人故居的田园风貌，营造出浓厚的诗意氛围；在盆景园内有 1999 年建成的"杜诗书法木刻廊"，陈列着百余件杜诗书法木刻作品，是从馆藏数千

茅屋景区

件历代名人手书杜诗真迹中挑选出，用楠木镌刻而成，颇具观赏价值，其诗歌、书法、用材、工艺有"四绝"之称，因而草堂故居被视为中国文学史上的"圣地"。

岁月移，情无限。是啊，一个一生漂泊不定，忧国忧民，一个一生都在写诗，留下瑰丽诗史的诗人，又怎能不受到人们的崇敬！一切源于其诗，"三吏"、"三别"，何等的切中时弊，何等的忧国忧民；"随风潜入夜，润物细无声"，"安得广厦千万间，大庇天下寒士俱欢颜"，何等的奇思妙语，何等的人文关怀。一座诗歌筑起的草堂，历经千年而不衰，挺立在巴山蜀水间，萦绕在人们的心头，挥之不去。一座诗歌筑起的草堂，吸引了全世界的目光，经年累月，游人如织，脚步轻轻，赞叹声声。胜景何处是，此处藏幽情。

"草堂留后世，诗圣著千秋"，我们默诵着朱德题书的匾联，在暮色弥漫之时，继续吟诵着"好雨

大雅堂前的杜甫雕像

知时节，当春乃发生"，吟诵着"两个黄鹂鸣翠柳，一行白鹭上青天"，吟诵着"飘飘何所似？天地一沙鸥"，静静地，走出草堂。

走出草堂，再来欣赏这样一首诗：

蜀　相

丞相祠堂何处寻？锦官城外柏森森。

映阶碧草自春色，隔叶黄鹂空好音。

三顾频烦天下计，两朝开济老臣心。

出师未捷身先死，长使英雄泪满襟。

这首诗见《杜工部集》，约作于上元元年。是年暮春，杜甫搬到浣花溪草堂，得暇赴成都武侯祠游览、凭吊，作了这首《蜀相》，以抒述惋惜之情。一首《蜀相》又把我们带进了"武侯祠"。

成都武侯祠：享有"三国圣地"的美誉

武侯祠是纪念中国古代三国时期蜀汉丞相诸葛亮的祠宇。

公元234年8月，诸葛亮积劳成疾，病卒于北伐前线的五丈原，时年54岁。诸葛亮为蜀汉丞相，生前曾被封为"武乡侯"（武乡在今汉中市的武乡镇），死后又被蜀汉后主刘禅追谥为"忠武侯"，因此历史上尊称其祠庙为"武侯祠"。全国最早的武侯祠在陕西省汉中的勉县，勉县武侯祠乃天下第一武侯祠。而目前最有影响的是成都武侯祠，成都武侯祠为首批全国重点文物保护单位（1961年），也是首批一级博物馆，享有"三国圣地"的美誉。

成都武侯祠，位于四川省成都市南门武侯祠大街，是中国唯一的君臣合祀祠庙，由刘备、诸葛亮蜀汉君臣合祀祠宇及惠陵组成。公元223年修建的刘备陵寝，在1000多年的时间里几经毁损，屡有变迁。武侯祠（指诸葛亮的专祠）建于唐以前，初与祭祀刘备（汉昭烈帝）的昭烈庙相邻，明朝初年重建时将武侯祠并入了"汉昭烈庙"，形成现存武侯祠君臣合庙。整个武侯祠坐北朝南，主体建筑为大门、二门、汉昭烈庙、过厅、武侯祠五重建筑，严格排列在从南到北的一条中轴线上，

武侯祠

以刘备殿最高，建筑最为雄伟壮丽。武侯祠后还有三义庙、结义楼等建筑。成都武侯祠是国内纪念蜀汉丞相诸葛亮的主要胜迹，是中国影响最大的三国遗迹博物馆，以文、书、刻号称"三绝"的《蜀丞相诸葛武侯祠堂碑》最为知名。

走进武侯祠——

大门匾额为"汉昭烈庙"。大门内浓阴丛中矗立着六通石碑，两侧各有一碑廊，其中最大的一通在东侧碑廊内，唐代"蜀汉丞相诸葛武侯祠堂碑"，唐宪宗元和四年（公元 809 年）立，碑文撰写者是唐朝著名宰相裴度，书法家

汉昭烈庙匾额

柳公绰（柳公权之兄）书写，名匠鲁建刻字，因文章、书法、刻技俱精被称为"三绝碑"，具有很高的文物价值，为国家一级文物。碑文对诸葛亮的一生，作了重点褒评，竭力赞颂诸葛亮的高风亮节，文治武功，并以此激励唐代的执政者。碑文特别褒奖诸葛亮的法治思想，马谡因失街亭被诸葛亮依法处斩，临刑，马谡哭着表示自己死而无怨。李严与廖立，两人都是被诸葛亮削职流放的罪人，但他们也自甘服罪。当他们得知诸葛亮病逝，"闻之痛之，或泣或绝"。这些均属史实，裴度据史褒评，令人信服，碑文通篇词句甚切，文笔酣畅，使人百读不厌。

二门之后是刘备殿。正中有刘备贴金塑像，左侧陪祀的是他的孙子刘谌。据说，他的儿子蜀汉后主刘禅由于昏庸无能，不能守基业，他的像在宋、明两代几次被毁，后来就没有再塑。在蜀汉后主刘禅降魏时其子刘谌到刘备墓前哭拜，杀掉家人后自杀身亡。两侧偏殿，东有关羽父子和周仓塑像，西有张飞祖孙三代塑像。两侧东、西廊房分别塑有蜀汉文臣、武将坐像各十四尊。东侧文臣廊坊以庞统为首，西侧武将廊房以赵云领衔。

　　刘备殿后，下数节台阶（武侯祠低于汉昭烈庙，象征古代君臣关系），是一座过厅，挂有"武侯祠"匾额。这里就是纪念诸葛亮的祠堂。诸葛亮殿悬"名垂宇宙"的匾额，两侧为清人赵藩撰书"攻心"联："能攻心则反侧自消，从古知兵非好战；不审势即宽严皆误，后来治蜀要深思。"上联说，诸葛亮在打仗中能用"攻心"战术，如南征时对孟获七擒七纵，使其心悦诚服，以此称赞诸葛亮是真正懂得用兵打仗，而不是好战的军事家；下联称颂诸葛亮能审时度势，制定出宽严得宜的法度，收到了良好效果。这是颇负盛名的一副对联，借对诸葛亮、蜀汉政权及刘璋政权的成败得失的分析总结，提醒后人在治蜀、治国时借鉴前人的经验教训，要特别注意"攻心"和"审势"。正殿中供奉着诸葛亮祖孙三代的塑像。殿内正中有诸葛亮头戴纶巾、手执羽扇的贴金塑像，像前的三面铜鼓相传是诸葛亮带兵南征时制作的，人称"诸葛鼓"，鼓上有精致的图案花纹，为珍贵的历史文物。大殿顶梁由乌木制成，上书诸葛亮写给儿子诸葛瞻《诫子书》中"非澹泊无以明志，非宁静无以致远"（不看轻世俗的名利就不能明确自己的志向，不是身心宁静就不能实现远大的理想）。诸葛瞻及其子尚在绵竹抗击魏将邓艾的战斗中身亡。

诸葛亮殿西侧是刘备墓，史称"惠陵"。
由诸葛亮亲选宝地，葬刘备于此。《三国
志·先主传》记载："八月，葬惠陵"。据
《谥法》，"爱民好与，曰'惠'"，故名刘备
墓称"惠陵"。陵墓中还合葬有刘备的甘、
吴二位夫人。刘备墓前有清乾隆年间所立
"汉昭烈皇帝之陵"石碑，陵墓建筑由照壁、
栅栏门、神道、寝殿等组成。陵前有规模较
小的神道为清代所建。惠陵与武侯祠主要建

诸葛亮塑像

筑一样亦为坐北朝南，紧邻在汉昭烈庙与武侯祠西侧，与武侯祠之间有
红墙夹道相连。

成都武侯祠的字画、对联甚多，其中的现代书法家沈尹默书写的《隆
中对》最引人注目。

武侯祠东侧的锦里由武侯祠博物馆恢复修建，锦里为清末民初建筑风
格的古街，它依托武侯祠，扩展了三国文化的外延，并融入川西民风、民
俗，集吃、住、行、游、购、娱于一体，成为成都文化旅游的新亮点。

走出享有"三国圣地"美誉的武侯祠，接下来我们要去的两个地方与
前面介绍的古迹有很大不同，它们是位于四川省宜宾市南部珙县的"僰人
悬棺"和以其作为阴曹地府所在的丰富的鬼文化而蜚声古今中外的"丰都
鬼城"，到底有何不同呢，去看看你就知道了。

"僰人悬棺"：世界之最，巴蜀一绝

同学们，快看，在那峭拔百仞的悬崖石壁上，一具具年代久远、饱经
风雨的棺木凌空悬置，这就是引起国内外学者极大关注的古老而又奇特的

葬俗——悬棺葬。

民俗学将悬棺葬归为崖葬（亦即风葬）的一种形式，这种把死者遗体或骨殖放入棺中置于悬崖上使之风化的葬法，可分为利用人工楔入木桩或于天然岩缝悬置棺材、利用天然岩洞或人工凿岩为穴插入棺材使之半悬于外等几种类型。这些类型的共同特点在于一个"悬"字，所以后人便沿用南朝人顾野王对之的称呼，通谓"悬棺"。

僰人悬棺

据文献记载以及迄今所发现的，在江西、浙江、台湾、湖南、湖北、四川、贵州、云南、广西、广东、海南等许多地区，也都有此类棺葬存在。各地区的考古工作者对此进行了科学发掘与清理，经用碳14测定和陪葬物比较，认为这些悬棺的时代从商周起经汉晋直到明清都有，它应是我国古代南方少数民族中流行的一种葬俗。

而在四川就有非常著名的"僰人悬棺"。僰人是居住在今宜宾地区的濮人。僰，读音为 [bó]，中国古代对西南地区某一少数民族的称谓。

"僰人悬棺"位于四川省宜宾市南部的珙县，珙县东与长宁、兴文县毗邻，南与云南威信县接壤，西与筠连、高县边界，北靠高县，秦及汉初即为"西南夷服地"，元末设珙州，明洪武四年改州为县，名珙县，沿袭至今。根据《珙县志》"珙本僰地，僰人多悬棺"而命名。

据文献资料记载，古僰族，主要生活在川滇交界四川宜宾地区的珙县、兴文、高县和云南盐津、昭通一带的崇山峻岭之中，而古僰人的大本营和生活最集中的地方就在今天的珙县洛表镇。宜宾古时候为僰侯国，汉代时设置僰道县，僰人曾经在川滇山区的崇山峻岭中创造过灿烂的文明。早在3000年前，僰人先祖的首领因率领部落助周灭商有功，受到分封，被称为僰候，他们生活的川滇山区一带，被称为僰候国。与别的民族不同的是，僰人的葬式采用悬棺葬，民间俗称挂岩子，僰人死后不入土行葬，而是把棺材悬于陡峭的岩壁之上。直到今天，在西南川滇山区古僰人生活过的地方，悬崖峭壁上仍可看见古僰人的悬棺。"僰人悬棺"早在1956年就被列为省级重点文物保护单位，现为全国重点文物保护单位。"僰人悬棺"被称为世界之最、巴蜀一绝。

"僰人悬棺"到底是什么样子呢？请同学们仔细观察图片，并把你观察到的写下来——

三 游古国、古迹，学历史

93

历代僰人等少数民族聚居于这一带，故遗存的悬棺较多，但现在最多和最集中处，当首推珙县洛表乡的麻塘坝和曹营乡的苏麻湾，以将死者的棺木放置在悬崖绝壁上为特征。此处共保存有悬棺265具，置棺高度，一般距离地表10～50米，最高者达100米。置棺方式：一为木桩式，即在峭壁上凿孔2～3个，楔入木桩以支托棺木；二是凿穴式，即在岩壁上凿横穴或竖穴，以盛放棺木；三是利用岩壁间的天然洞穴、裂缝盛放棺木。棺木头大尾小，多为整木，用子母扣和榫头固定。采用仰身直肢葬，麻布裹尸身，随葬品置脚下两侧，多寡不定，有陶瓷器、木竹器、铁器和麻织品，其中麻织品最多，也有少量的丝织品。正因如此，"僰人悬棺"被誉为"世界一绝"、"天然悬棺葬的博物馆"。下面我们来具体了解麻塘坝和苏麻湾两处的悬棺。

麻塘坝悬棺：珙县僰人悬棺的核心部分在珙县洛表镇西南麻塘坝。坝东西宽 300～500 米，南北长约 1000 米，螃蟹溪从坝中穿流而过，溪岸东西对峙着 21 座连绵起伏的山崖，悬棺就分布在绝壁上。现存 223 具，以木桩悬棺为主。置棺高度一般在 20～60 米，高者达 100 多米。绝壁上还有密如蜂眼的桩孔遗迹和红色彩绘岩画 200 多幅。岩画内容丰富，有骑射、舞蹈、杂技和各种动物、武器、几何图形等，形象古朴生动。其余悬棺葬遗迹也有类似岩画。麻塘坝悬棺相对集中在棺材铺、狮子岩、九盏灯、大洞口、邓家岩、三仙洞、珍珠伞和老鹰岩等处。入口处的"九盏灯"，因传说三根横木上共放有九盏"长命灯"而得名，它前有点将台，右有石船。"九盏灯"是麻塘坝里悬棺最多、悬的最高的地方，而且这里全都是木桩式悬棺，这里的山势也最有特点，巨大的绝壁像一个俯瞰人间的巨人，坚硬的陡壁上保留着 30 多具完好的悬棺。峭壁上密密麻麻的悬棺木桩历历在目。

悬棺旁边还隐约可见绝壁上古僰人画的太阳图案，图案是一个圆形，里面画有一个光芒四射的太阳。形如斧砍的石灰岩绝壁上除了悬棺外还有 62 幅岩画，悬棺神奇绝妙，俯瞰万众，岩画题材广泛，内容丰富，涉及牵马放牧、垂钓钓鱼、舞蹈、球戏、踢毽娱乐等众多主题，虽然构图简练，线条粗犷，却富有浓郁的生活气息和鲜明的民族风格。

"三仙洞"是麻塘坝里现存悬棺完好的地点之一。站在山下抬眼望去，陡峭的岩壁上高挂着 10 多具棺材，有的放在崖壁上的木桩上，有的放在天然的岩腔里，有几具棺材的另一半还露在岩腔外，由于悬棺是放在岩腔里的，没有受到风雨的侵蚀，因此棺木的颜色基本没有变，保持着固有的本色。有几具棺材横放在岩缝里，如果不仔细看，站在下面是很难被发现的。而放在石墩上或人工打的木桩上的棺木，却在风雨的侵蚀下变成了深褐色或墨黑色，有的已经被腐蚀得残缺不全了。

"珍珠伞"也是麻塘坝里独具特色的僰人悬棺之地。陡峭的绝壁，中间突然冒出一团形似伞的钟乳石，钟乳石下整齐地排着五具悬棺，钟乳石如一柄天然的伞，保护着伞下的悬棺不被风雨侵蚀，使这 5 具悬棺完好无损，悬棺呈深褐色。而最远最高的当数"老鹰岩"，14 具悬棺悬置在 110 余米的峭壁上，此为悬棺精华。另外，麻塘坝谢家湾，留有一座民国建筑——何家大院，已有 180 多年的历史，占地 15 亩，全为木质结构，有三座院落，一个花园，二座石碉楼；雕刻精美，巧妙绝伦。

苏麻湾悬棺：距麻塘坝 10 多千米的地方就是另一处悬棺居多的地方——曹营乡苏麻湾，苏麻湾与麻糖坝都有一个"麻"字，不知是地名的巧合，还是僰人"举杯话桑麻"的缘故。苏麻湾山势巍峨，奇岩峥嵘，河水澄澈清莹，水光山色相映成趣。在距水面 26～50 米，高者达 100 米的石灰岩壁上重重叠叠地放有 42 具悬棺，并留有大量桩孔，给人以奇异神秘的感受。存放悬棺的崖壁上有许多红色彩绘壁画，内容丰富，线条粗犷，构图简练，形象逼真。悬棺及岩画具有重要的历史价值和观赏价值，也是研究川南一带少数民族历史发展的实物材料；已成为世界悬棺葬研究者注目的中心，同时吸引着无数的旅游者前来观光。

的确，"僰人悬棺"充满着古老而神秘的色彩。其悠久的历史，神奇的传说，神秘的文化，独特的葬式，耐人寻味，千古难解。同时，随棺而作的数百幅岩画，色彩鲜艳，栩栩如生；形象地再现了僰人时代的自然环境、社会生产、民风民俗、宗教信仰，令人折服。

同学们，你们知道吗，在离九盏灯不远的邓家岩，在其石壁上留下了古人的诗句，据专家考证这是清代人留下的墨迹：

谁家棺木挂悬岩？

善良姊妹痛人怀！

雪霏芜草山呈孝，

风吹松柏哭哀哀。

白日花开陈祭礼，

夜间星斗照灵台

……

题诗时间是清代嘉庆丙子年腊月初七，一句"谁家棺木挂悬岩？"也许这就是前人最早对悬棺之谜发出的疑问？同学们，关于"悬棺"，此时的你们又有哪些疑问呢？

世人知道僰人，是因为神秘的悬棺，研究悬棺是叩开古僰人文化的一把钥匙。多少年来，僰人悬棺被称作千古之谜，令世人充满猜想，也令多少专家学者皓首穷经，苦苦求索。同学们，下面我们一起深入探究这"僰人悬棺"吧。

探究一：悬棺排列成 V 形的猜测

洛表镇曹营乡的落雁河边也是悬棺保存较多较完好的地方。绝壁上的悬棺呈 V 形排列，像一只展翅飞翔的雄鹰盘踞在悬崖上。刀削斧劈般的崖壁上共有两组这种 V 形开排列的悬棺，左边的山壁上、岩墩上、石缝里也零星地放着悬棺，两三具为一组。

传说中，僰人是一个崇拜雄鹰的民族，渴望飞翔，民族兴旺、人民富裕，是他们的心愿。麻塘坝的悬棺借用岩画来表达美好心愿，因为麻塘坝的山峦是石灰岩，有供僰人画图表达心愿的条件，而这里的岩层没有这种条件，于是，古僰人就把棺木排列成图案。不论是岩画还是排列图案，都表达着他们心中共同的愿望。

这些 V 形排列的悬棺是在同一个时期挂上去的吗？这些 V 形排列的悬棺有的每一组是 8～12 具，这 8～12 具棺材里躺着的僰人，同时死亡的可能性太小了。当然，战争可以一次性毁灭众多的生命。

难道这些悬棺里躺着的都是僰人勇士？难道只有为民族捐躯的勇士才有资格悬棺？僰民族那么多的民众，如果每个人死后都悬棺，那么这一带的岩壁上不就全都是密密麻麻的悬棺？几百年前，在科学生产力相当落后的川滇山区，把一具重达近千斤的悬棺悬上绝壁不是一件容易的事情。在这样的地方，就是现代人用科技手段，把棺材悬上绝壁也是一件相当困难的事。

悬棺

那么，我们可以大胆推想，悬棺一定是僰民族的最高葬式，只有有身份、有地位、于民族有功的人才能享受这样的葬式。任何一个民族都有等级之分，贫富之分、这是人类发展的必然分级，崇拜英雄、歌颂英雄、纪念英雄，也是每个民族的共性，官本位，权势为大，财富为首，这也是人类文明发展的必然，僰人民族也不例外，也许，这绝壁上悬着的棺材就是最好的见证。

探究二：僰人为何要悬棺

"僰人不知何处去，惟见悬棺留崖陬。"僰人为何有悬棺这种葬俗，这是很多人的疑问。元代《云南志略》说："人死，则以棺木盛之，置于千仞颠崖上，以先坠者为吉"，这是有据可查的悬棺目的。而僰人民间传说集《悬棺之谜》里是这样记载这个传说的：僰人受到病疫威胁时，祖先神母告诉他们，要逃脱病疫的死亡威胁，只有实行岩葬。可见僰人行岩葬的原因是岩石对他们有保护作用，这是石崇拜的一种表现。而僰人之所以崇拜石，一方面如他们传说的那样，是为乞求平安而把灵柩葬在崖上，另一方面则是希望石头能赐嗣于己，使自己的群体人丁兴旺。如《太平御览》卷五十三记载，马湖江南岸有"乞子石"，"僰人乞子于此有验"。很明显，僰人的岩葬包含有以石求子的文化因素。在川滇一带，关于僰人悬棺也有好多版本的民间传说，但几种版本的主题都是大致相同，那就是：僰人悬棺的目的一是为了避兽害，二是不被外民族侵害祖先的遗体，棺材悬的越高，民族就更能兴旺发达。僰人悬棺表达了僰民族对未来的美好愿望。

探究三：悬棺是怎样放置到高岩上去的

那么，在那"人踪灭"、"鸟飞绝"的绝壁悬崖上，在科学技术非常落后的古代，僰人又是怎样将重达千斤的棺木悬于离地面 20～100 米之高的悬崖峭壁处的呢？凡是亲眼看到过僰人悬棺的人都有自己的猜想，考古工做者也在悬棺现场作过类似悬棺经过的实验，但每次实验都历经艰辛，最终以失败结束。在生产力尚不发达的古代，僰人是靠什么方法悬棺的呢？难道真如当地传说中的那样，是有一种神秘的力量在支配着他们？到目前为止，对这个问题的各种推测已是众说纷纭。比较有代表性的有以下几种：

1. 栈道说：用人力、畜力顺着事先铺设的栈道，把棺材运到放置的部位。但麻糖坝的悬棺和苏麻湾的悬棺安装棺材之处全是悬崖绝壁，没有缓坡可架设栈道，此说在无缓坡的地方是无法实施的。

2. 水位说：是说悬棺一般都临水而葬，于是有人说过去水位很高，如今的悬棺处，当时离水面较近，是利用水运放上去的。这种说法对麻糖坝悬棺一点儿意义都没有，因为这里是一片平坝，坝中一条小溪，而岩上的悬棺多数只有几百年，不可能几百年前淹齐高岩（悬棺位置）的水，几百年后就降成今天的潺潺小溪了吧！

3. 搭架说：相似现代工人盖楼房那样。用竹木从悬崖底部开始逐层捆绑搭成施工架。抬棺的人沿着这个架抬上去放置在放棺点。这个说法从表面看来似有可能，但是也存在两个问题：一是如果岩崖脚下就是江河（如曹营苏麻湾）又怎么搭架呢？二是如果放一具棺材搭一次架，则工程量太大，如果搭一次架使用多年，则安全性能得不到保证。

4. 垒土说：用土石垒台至岩崖上中部，凿洞钉桩，从上而下放置棺木，从岩的上部往下部悬葬，逐渐降低土台，最后去掉土台。重重叠叠的悬棺就放成了。这与搭架说一样存在着岩崖脚下就是泡哮的江河水又怎么垒土呢？

5. 升置说：由一部分人在山顶上握住绳索的一端，另一端甩下悬崖，先将工人拉至预先选好的地点凿好孔，然后将殓好的棺材拉至孔的上方，再由工人在棺孔上钉上棺桩，随后便将棺材缓缓搁置在棺桩上。这种说法一是对于特别高的岩崖，很难制作那么长、那么牢固的绳索，二是如果岩面是上部凸出较严重，下半凹进去很多，那在山顶拉上棺材会悬在半空中，距凹陷处会相距很远，且不安全。而棺材在半空中浮力较大，人站在地面用石竿等推几乎是不可能的。

6. 天梯说：制作牢固且很长的梯子，利用梯子像爬楼一样把棺材抬上去。按照当时的木匠技术，一二百米以上长的梯子可能还是很难制作的，安全性能也较差。

7. 钉桩说：即从下而上打孔钉桩，然后在木桩上铺上木板，逐渐上到悬岩顶部（或上中部），从上往下放置棺材，放好棺材后就撒去木板，依次而下就成了现在的样子。这种说法在兴文县九丝城镇一带似有可能，因为至今这些地方残留的桩孔最低的只有1~2米。但珙县麻糖坝的悬棺棺材下边部分岩面却没有孔。

8. 垂索说：选定葬址后，由置棺人员腰缠藤索，从峭壁顶部悬吊而下，附于峭壁上，再从下往上凿孔、加桩，然后将空棺木垂吊至选好的位置，放在钉好的木桩上，然后如法炮制，从顶部垂吊尸体、陪葬品及保护尸体不被侵蚀的沙子等放入棺中，最后盖上棺材盖，完成安葬。那么，古僰人又是用什么方式将棺材吊上去的呢？那时候的科学生产力落后，没有机械设备能行吗？

综上各种推测，每一种都仅仅是推测而已，悬棺之谜至今尚未解开。今天，我们把架设高压电线叫高空作业，远在千百年前，人们要把死沉沉的棺材搬到悬崖峭壁上，论难度、论高度，不亚于高空作业。当时到底用什么巧妙手段把这些棺材搬到这么高的地方的？人们对此猜测纷纭，甚至蒙上了一层神秘色彩，因而也有人把悬棺叫"仙人柜"，把悬棺葬山岩叫"神仙岩"。看到这，同学们，关于"悬棺"你们又有哪些想法呢，把你们的推测快快记录下来吧——

"悬棺"很悬，给我们留下了很多未解之谜；"鬼城"很鬼，让我们走进它就不寒而栗，接下来我们要前往著名的"丰都鬼城"，大家一定要把胆子放大一些呀。

"丰都鬼城"：人间的"阴曹地府"

　　丰都鬼城又称酆都鬼城，位于重庆。

丰都鬼城

　　我们先来了解"鬼城"的所在地——丰都吧，丰都县位于四川盆地东南边缘，地处长江上游，全县面积2910平方千米，总人口74万。它是一座依山面水的古城，春秋时称"巴子别都"，东汉和帝永元二年从枳县划出单独设县，定名为"丰都县"，至今已有1900多年历史。

　　丰都，自古以来就是文化名城，是中国最有特色、最有名气的历史文化小镇，以其作为阴曹地府所在地的丰富的鬼文化而蜚声古今中外。这里流传着许多鬼神传说，《西游记》、《聊斋志异》、《说岳全传》、《钟馗传》等许多文学名著对"鬼城"丰都均有生动描述，颇富传奇色彩。传说中丰都是阎王掌控的地方，人死后一定来这里报到，在这里总结前世善恶，成为阴间的鬼魂，或按前世因缘投胎轮回转世。1982年，丰都政府对丰都名山进行修建，扩建，使历史上的丰都鬼城更加雄壮宏伟。

　　丰都"鬼城"是人们凭想象建造的"阴曹地府"，而"阴曹地府"就是已逝者接受审判的地方。"鬼城"风景秀丽、溪水潺潺、山花欲燃、风光山色、鸟语泉鸣，令人心醉。人们凭想象，用类似人间的法律机制先后建成"阎王殿"、"鬼门关"、"阴阳界"、"十八层地狱"等一系列阴间机构。各关卡的鬼神形象又是千姿百态、峥嵘古怪。刑具令人恐怖万分，不寒而栗，这就是展现在丰都鬼城的"阴曹地府"，一个鬼的世界就由此形成了。而在人间设立丰都鬼城的其中一个目的，就是希望带出"善恶到头终有报"的信息。

进入鬼城大门，便可看到人们俗称的"阴阳桥"，它是人们由阴间返阳间的必经之路。人们上行到名山山腰便可看到一个古式楼亭，在血锈般的门匾上书有三个大字，这就是著名的"鬼门关"。而鬼城最著名的景点，当然是渗透着浓厚神话色彩的"奈何桥"和"天子殿"。它们到底有多神秘呢？相传人死后要投胎转世之前，必须经过"奈何桥"，喝一碗"孟婆汤"，忘却前尘往事。人间鬼城内的"奈

奈何桥

何桥"，当然没有孟婆汤供应，不过其意义深长。桥共分3段，左段代表长寿健康，而右段则代表权位财富，过桥者选择哪段桥通行，就揭示出他们追求什么。的确，世间并没有完美，有得必有失。那么，中间一段代表什么呢？它代表的是跟爱侣同行时，大家必须手牵手，以九步度桥，取其"长长久久"之意。在鬼城内，抬头仰望，除了有蓝天之外，还有位于名山之巅，叫众小鬼闻风色变的"天子殿"（"天子"，即阎罗王）。宫殿至今已有一千多年的历史，殿堂正中有一尊极具威严的阎罗王坐像，旁边还有天子娘娘坐像、六值功曹站像、四大判官和十大阴帅等，个个雕像都细致精美，栩栩如生，让每位到访者都能真切感受到审判时的压迫

边玩边学 历史

感。殿外还设有"东西地狱"（即"十八层地狱"），在这里小人受刑时的凄惨场面活现眼前，气氛阴森恐怖。看到这，大家还敢做坏事吗，肯定不敢了。

其实，丰都鬼城要展现的，不是一个阴暗惨淡的地狱场景，而是要借描绘地狱，告诫在生的人要有善心。

对于丰都鬼城我们算是有了一个大致的了解，现在我们来看看关于它的神话传说——

1. 关于"仙"的传说：

在丰都城有一座景色优美的平都山，是道教七十二福地中的第四十五福地。根据东汉的《列仙传》和晋朝葛洪的《神仙传》书中所言，在汉代，曾有王方平和阴长生等人，弃官到此修道，最终得道成仙，升天而去。

随着王方平、阴长生二位仙人的名声日盛，招引了不少仙人到此来拜访。如传说中的麻仙姑，就曾来拜访过王方平，可惜没遇上。直到现在还留有她住过的"仙姑岩"、"麻姑洞"等遗迹。

此外，吕洞宾也曾拜访过王方平和阴长生。

后来，"王、阴"二仙人被讹传为"阴王"，又误作为"阴间之王"，因此他们居住的地方——丰都，就成了阎罗王所主宰的阴曹地府了。

2. 关于"道"的传说：

东汉末年，五斗米教盛行于四川，而丰都在汉时属于巴郡，是早期道教的重镇之一。五斗米教因杂糅了许多巫术方面的东西而被称为"鬼道"，并将道中的巫师称为"鬼吏"。于是，这种神仙人鬼混杂的道教信仰，促成了"鬼城"的形成。因此，原来充满仙气的平都山渐渐地被鬼气所笼罩了，一大群的阴间鬼神纷纷涌进鬼国的京都——丰都，使这个地方成为了阳间的阴曹地府。

后来，加上《西游记》、《钟馗传》等小说的夸张渲染，丰都城是鬼城的说法越来越普遍，假的也成了真的，鬼城之说日益普遍，最后，丰都成了真正的"鬼城"。

在丰都鬼城中，有各种如阴间的建筑，同学们，就让我们一边走一边了解吧——

1. 路引：所谓的路引，长三尺、宽二尺，以粗纸印成的一张通行照：上面印着"酆都天子发给路引"、"普天之下必备此引，方能到丰都地府转世升天"，上方印有阎罗王的图像，下方印有"丰都天子"、"酆都城隍"和"酆都县府"三个大印。

人死之后，要到阴间去报到的幽灵就得手持这张阎罗王所发的通行护照，在经过看守鬼门关的小鬼检查过后，才得以进入鬼国。

从前，许多人为了替自己留一条后路，为自己的身后事打算，于是都到酆都来买路引，希望死后能够早日超生，为此，酆都的路引大大畅销，甚至连东南亚国家的人民都千里迢迢来买路引。

同学们一定听过"奈何桥"吧，你们知道这是什么地方吗？我们前去看看。

2. 奈何桥：本叫通仙桥，是明朝的蜀献王所建。原意是说走过这座桥就可以得道成仙。可是，后来这座桥竟被改名为奈何桥。

"奈河"是地狱中的河名，在《宣室志》中有一段关于奈河的叙述：

"董观行十余里，至一水，广不数尺，流而西南。观问习，习曰：'此俗所谓奈河，其源出于地府。'观即视，其水皆血，而腥秽不可近。"由此可知，奈河是一条来自地狱、充满腥味、流着血水的河流。

在奈河之上有一座桥，就是奈何（奈河）桥，这座桥又窄又险，凡是

边玩边学历史

恶人的鬼魂经过这座桥，都会掉到奈河中，被河中恶鬼毒虫吃掉。《西游记》中所说的："铜蛇铁狗任争食，永堕奈河无出路。"就是这种情形。可是，如果生前是善人，则可顺利通过这座桥，转世为人。

就这样，"通仙桥"这座"仙桥"便成了"鬼桥"——"奈何桥"。

大家知道"奈何桥"的来历了吧，有点恐怖哦。而在丰都的奈何桥下还开凿了一个池子，叫做"血河池"，有许多人为了死后能好过些，便到桥前焚纸钱、烧香、施舍财物。

啊，前面就是"鬼门关"啦，据说人死了之后，在进鬼国之前，必须先经过一座阴森、把守严密的关口，俗称鬼门关。同学们，丰都的鬼门关可是相当吓人的，屏住呼吸，前去一看吧。

3. 鬼门关：从玉皇大殿往上走，就会发现一座黑漆漆的山门，仿佛血锈一般的横匾上写着"鬼门关"三个阴森森的大字。这个地方有一大片的参天古木，树上栖息着一群群的乌鸦，当冷风阴飒飒地吹过，会给人一种鬼气逼人的感觉。

鬼门关

4. 五云洞：五云洞位于三仙楼的东边，深不见底，据说这里是成仙的阴长生炼丹之处，也有人说是阴曹地府的入口。许多来此的香客，都会到五云洞的入口处焚烧纸钱，然后丢入洞中。因为洞很深，每当香客们将纸钱丢进洞中，一阵阵地风吹来，把纸钱吹得瑟瑟有声，一旁的山僧就说这是"群鬼抢钱"。

丰都这座鬼城的名堂还有很多，除了以上所说的之外，尚有望乡台、登天梯、孽障台等。

不知道同学们赶过丰都"鬼城"的庙会没有，庙会是"鬼城"民族文化特色与经贸融为一体的民间贸易形式，"鬼城"庙会的规模和景象都是长江流域罕见的，每逢农历三月三至十五日，丰都县城云集四海商贾游客，汇聚巴蜀，民俗文化活动异彩纷呈。每年的这个时候，你们不妨也来赶赶庙会，领略一下这里的民俗文化。

同学们，从丰都"鬼城"出来后，我们终于可以放下紧张恐惧的情绪了，因为我们下一个将要到的地方是以古朴的街区和原味淳朴的川西民风民俗而著称的平乐古镇。去过的同学一定知道，在古镇区内，我们可以尽情享受都市以外久违的那份古韵和恬静，看到那充满灵气的山山水水、花花草草，我们的心情是放松的，我们可以忘记烦忧，纵情山水，沉浸于此。让我们快去享受古镇的魅力吧。

平乐古镇：川西那一方民风民俗

平乐古镇位于四川省成都市西南 93 千米、邛崃市西南 18 千米处，东接临邛、成都，西连雅安、康藏，与水口、油榨、孔明、临济、道佐、火井等镇乡毗邻，素有"一平二固三夹关"的美誉。

平乐古镇，古称"平落"，史前蜀王开明氏时期，平落四面环山的绿色小盆地即因修水利、兴农桑而起聚落而得名。据《尚书·禹贡》记载，大禹治水，"蔡蒙履平，和夷底绩"。

平乐古镇有着悠久的历史、厚重的文化。早在公元前 150 年的西汉元年，这里就已经形成了集镇，并开始兴旺发达。穿镇而过的白沫江用飞沙堰分为"内江"、"外江"，形成一江分三水的独特格局，这条江水见证着平乐 2000 多年的历史，而平乐在

鸟瞰平乐古镇

白沫江的滋养下，形成了灿烂的八大文化（水、火、贡茶、铁、纸、民风民俗、路、宗教文化）及独特的建筑风格。加之平乐独特的地理位置，使平乐自古便成为"茶马古道第一镇、南丝绸之路的第一驿站"，在今天的平乐，我们依然可以看到历史的足迹——九古（古街、古寺、古道、古桥、古风、古居民、古坊、古堰、古歌）。

平乐拥有众多人文古迹：具有浓郁宗教文化氛围的观音院、历经沧桑的古驿道和倒石桥、倒马坎、落凭寺、五通碑、三义庙等一大批名胜古迹，还有明代造纸作坊遗址、邓通和卓王孙冶铁遗址、天官试剑石、江西会馆、湖广会馆、古码头、邛南第一桥、元帅井等众多古迹。而平乐古镇附近同样拥有众多风景名胜：有金华山、芦沟、花楸山、骑龙山四大著名风景区。接下来，我们就去平乐古镇和它周边的众多景点游览吧。

景点一：古镇区——古朴祥和，民风民俗

古镇区是我们平乐之行的第一目的地，我们将见证平乐悠久的历史文化。漫步古镇，我们将亲身体验到 13 条古街的种种风情，聆听古桥乐善的代代佳话，坐享古树黄桷的片片浓阴，观赏古堰分水的滚滚波涛，品味古民居大院的悠悠气息，加入古歌"竹麻号子"

古镇街景

的声声呐喊……作为"茶马古道第一镇"，平乐曾是热闹非凡的水陆码头，物换星移，古镇在今天又焕发出其独特的魅力，那沿袭千年的民俗艺术、屹立百年的民居建筑、浸染成具有浓郁地方特色的水光山色，成为川西水乡古镇的缩影和象征，演绎出一幅融古贯今的"清明上河图"。游览之余我们不禁感叹：古镇的历史气息实在太浓了，浓烈得使我们忘

掉了现实。

从古镇出来，让我们去古镇周边的风景名胜区畅游一番吧。

景点二：芦沟自然风景区——呼吸山水，大自然的鬼斧神工

同学们，快闭上眼睛，轻轻地呼上几口气，你是不是感受到了一种无比的轻松和振奋呢，这里就是千年古镇之幽谷画廊。它位于平乐古镇西北1千米，方圆8.6平方千米，竹木覆盖面积1.6万亩，享有"二十华里绿色长廊，天然氧吧"之美称的芦沟幽谷了。

入沟4千米，一尊天然石佛像掩映于竹海之中，大佛双目微闭，慈祥亲切，佛身即百米山峰，高过乐山大佛，山人称其是"山是一座佛，佛是一座山"，同学们，这句是不是听着很熟呀，对，我们在讲乐山大佛时就提到了这句话，在这里真是"竹为佛依，佛是竹魂"。

芦沟自然风景区景观

沿溪而上，巨岩整齐中裂，分水而立，相传为明代天官杨伸试剑之处，胜似镇江"天下第一江山"孙权试剑石，且气势更足。寨子岗上天官墓，国宝大熊猫时常出没附近，呵呵，我们静下来，期待今天也能大饱眼福，和大熊猫有个近距离接触。

鱼崖脚下"元帅井"——当年徐向前元帅率红二方面军与国民党军队鏖战七天七夜，即在此井取水做饭和饮马。鱼崖上红军作战掩体犹存。登临最佳观景点尖山子，可远眺古城全景，尽览邛崃山脉秀色。

在景区内还散布有零星的古造纸作坊遗址，自然与人文的完美结合，尽在芦沟幽谷中。

景点三：金华山——瞻拜神灵，灵秀之地

此处位于平乐古镇东南 1 千米处。山灵地杰，奇山秀水，其声名可上溯到秦汉时期。自中唐后，金华大佛和天宫寺香火鼎盛，誉满川西。这里拥有独特的地形地貌和众多人文古迹，特色鲜明，主要表现在以下两方面：

一是"一步呈一景"，大佛沟极其自然的弯成一个巨大的"S"形，恰似一幅天然太极图，给金华山平添几分神秘。险峻清幽的石梯山道、绿水青山中极具川西特色的吊脚楼阁，给人无限遐想，看见它，我们耳边似乎回响起宋祖英民歌小调《小背篓》：小背篓晃悠悠，笑声中妈妈把我背下了吊脚楼，头一回幽幽深山中尝野果，头一回清清溪水边洗小手……此情此景，尤为相似。

二是"三教汇于一山"，儒、释、道在数不清的摩崖造像群中形成奇妙和谐的景象。山腰峭壁上的摩崖石佛宝相庄严，山顶天宫寺古朴庄重，大佛座前一幅《天马行空图》是摩崖造像中的精品，全国仅存两幅，堪称世间珍宝。

景点四：花楸山风景区——乡土人家，世外桃源

西出古镇 4 千米，沿黄金堰至黄花路车行约 20 分钟，穿过 5 余千米竹海，便到了素有"乡土人家，世外桃源"美誉的花楸山风景区。

景区内层峦叠翠，树木葱茏，溪流淙淙。有康熙御赐"天下第一圃"

花楸山风景区景观

的花楸贡茶；有曲径通幽的万亩竹海；有心旷神怡的十里长廊；更有神秘莫测的官田溶洞。以光绪亲赐"皇恩宠锡"御匾的李家大院为代表的清代古民居群，至今依然保持着百年以前的原始风貌。零星散落于竹林深处的川西民居，构成了这里浓郁的乡土特色，淳朴的百姓躬耕田陇，辛勤劳作，过着恬静、惬意的农家生活，今天我们来到这里返璞归真、感悟田园的乡土人家，身临其境，仿佛是找到了一个世外桃源，真想在这里多停留一会儿颐养身心。

景点五：秦汉驿道——千年古道，踏寻历史空谷足音

秦汉驿道遗址，位于平乐镇骑龙山城隍岗，它是当时由成都经邛州、雅州，通往吐蕃、党项、南诏等少数民族地区的交通要道之一，也是韦皋出兵与吐蕃作战的十一条路线之一。当地老人称驿道遗址为"剑南道"或"马道子"；现代人称为中国的"南方丝绸之路"。

驿道遗址位于骑龙山的原始森林中，它虽经历了千百年风雨剥蚀和人为的破坏，但尚能保存着平乐较为完整的一段。长约 2 千米，路面横广 4 米，呈鱼脊形。中央用平顶大河卵石砌成一条笔直的中心线，两旁鳞次栉比地用河卵石铺砌路面，十分牢固，显示出当时设计施工者的智慧和

匠心。

驿道两旁筑有墙垣，犹如秦汉以来的"甬道"。《史记·秦始皇本纪》记载：秦始皇"作甘泉殿，筑甬道"。注说："谓于驰道（大路）外筑墙，天子行中间，外人不见。"邛雅驿道两旁的墙垣，将大路夹在中间，和秦汉时代"甬道"的规模构制完全一致。邛

秦汉驿道遗址

雅驿道两边的墙垣用河卵石垒砌，道高 1.4 米，墙垣原为防止敌人抄掠运输物资而设。从筑路史的发展来看，墙垣又起着养路——如排水抵挡塌方的功用，正如现在的山区公路，也往往于山岩陡坡之下的路侧，筑一段坚固的石坎。驿道沿山脉的走向而修筑，当年完好无损时它仿佛如一道长城，蜿蜒于川南的山岭之间。

景点六：绿宝石庄园——风景秀丽，中西交融

绿宝石庄园地处平乐古镇"三金"风景交界处，依江而建，背靠狮子山，庄园四周藤吊柳垂、竹木掩映、绿树成荫，庄园内草坪青青，桂花园、芭蕉园、枇杷园相得益彰，地下温泉沐浴尘土，水上歌厅余音缭绕，五世同堂、四合大院、欧式建筑中西交融。自建园初即被列为"国际青少年宋庆龄基金会基地"，现为邛崃市十大旅游景点之一。

景点七：金鸡沟——原生态山水，踏访古迹徒步游

往古镇西边顺白沫江而上，大约 3 千米处就见一条小河汇入白沫江，小河从沟里出来，沟口是一座拱桥，桥前桥后是鸡头和鸡尾，这就到了金鸡沟了。同学们，我们看到的这座古桥就是建于光绪十年（1884 年）的金鸡桥。

金鸡沟入内单程 7.5 千米，往返 15 千米。顺着桥边一条小石板路，一

路叠叠翠翠的竹林，两边奇峰怪石，突兀嶙峋。竹林掩映，戏水、踏青、尝野味探访古迹、寻深山人家……

有人说，在金鸡沟内野炊是一件很惬意的事情。同学们，我看这块地方很不错，我们歇一歇，在这里边吃东西边品位这里的原生态吧。

金鸡沟风景

景点八：齐口风景区——乡村生活，水上乐园

齐口风景区位于古镇西北边缘白沫江下段，与水口镇仅一水之隔。景内河道宽阔，水天一色。同学们，这里有江中竹筏泛舟、快艇冲浪啊，我们快去玩啊。坐在竹筏上，我们仰望碧蓝的天空，欣赏岸上青翠的竹林。该上岸吃饭去了，去哪儿吃呢，一打听才知道竹林深处有好多吃的地方。走近一看，齐口乡村俱乐部、池林山庄、鲢鱼山庄等特色农家乐掩映其中，野生河鱼、烤羊烤兔，大饱口福后走下山来。

齐口风景区景观

这里，平乐古镇，周边风景，留给我们的只有四个字——流连忘返。

家乡美，谁都会说家乡美，而四川的美不仅是风景美，她还饱含着浓浓的历史韵味，承载着千年悠悠的历史。当你看到她时你会被她的清幽外表所吸引，当你深入她时你会被她的满腹文化所折服。

同学们，相信，此时的你们已经沉静在对家乡的迷恋和自豪当中了，快把这份情感记录下来吧，诗，散文，或许……不管何种形式，此时你的感情是最真挚的——

好了，同学们，我们到国外走一走吧，看看世界其他地方还有哪些奇迹。

罗马圆形竞技场（Colosseo）：何时有 Colosseo，何时就有罗马

罗马，史上最伟大的古典名城之一。万神殿、引水渠、阿皮亚古道、卡拉卡拉浴场、图拉真市场、大竞技场和斗兽场，并称"古罗马七大奇观"。缔造这些杰作的伟人，把奇思妙想变成了人类的丰功伟绩。下面就让我们一起去参观罗马圆形竞技场吧，快看——

罗马圆形竞技场，又叫罗马斗兽场，亦译作罗马大角斗场，它是罗马的象征，自从诞生的那天就是，到今天仍然是罗马的象征。即使今天，站

在大竞技场的遗迹上，似乎仍然可以听到2000年前疯狂的观众动山摇般的呐喊。

这座公元前80年建成的雄伟的竞技场堪称公共建筑的楷模。据史料记载，它可容纳8.7万人。斗兽场的外墙展示了罗马人最伟大的建筑发明之一——拱门，拱券结构可以说是古罗马建筑最基本的结构和最伟大的成就之一。一系列的拱、券和恰当安排的椭圆形建筑构件使整座建筑极为坚固，当时的建筑就是依靠这种高水平的结构形式，使内部空间得以解放。竞技场设计了宽敞的阶梯和走

古罗马竞技场遗址

廊，并设计了80个拱门，在每一个拱门的入口处都标有数字，方便观众快速找到自己的座位，可以让5万人在10分钟内进入剧场内坐定，这样的设计即使在今天也算是很进步的。竞技场的功能性设计也非常合理，角斗士从何处出入，在哪里休息，猛兽关在哪里，死伤者从何处抬出，都有清晰的分布。

然而，究竟是什么令竞技场成为一个划时代的建筑？那就是由240根柱子支撑的巨大的雨篷，它能保护观众免受风雨之苦。曾有1000名水手驻扎在罗马城内，专门负责竖起雨篷。竞技场内，有时会在注满水的舞台上进行场面壮观的海战表演，此外，还有格

古罗马竞技场内部结构

斗比赛。公元前160年的某个晚上，剧作家泰伦斯的喜剧在演出时被迫中断，只因有谣传说一场格斗比赛即将开始，所有的观众都冲了出去，直奔竞技场。在8世纪时，比德曾慨叹道，"斗兽场（竞技场）站立，罗马就

边玩边学 历史

站立；斗兽场倒下，罗马也倒下"。

直到公元608年，竞技场一直用于角斗和斗兽，中世纪时，被改成一个城堡。此后部分被毁，成了挖取建筑材料用以建造教堂和宫殿的场地，这样的破坏一直持续了好几个世纪，到了19世纪才被制止，并开始进行修复。

墨西哥玛雅古迹：世界新七大奇迹之一

玛雅文明是中美洲古代印第安人文明，是美洲古代印第安文明的杰出代表，以印第安玛雅人而得名。主要分布在墨西哥南部、危地马拉、伯利兹以及洪都拉斯和萨尔瓦多西部地区。约形成于公元前2500年，公元前400年左右建立了早期奴隶制国家，公元3~9世纪为繁盛期，15世纪衰落，最后为西班牙殖民者摧毁，此后长期湮没在热带丛林中。

玛雅文明的早期阶段围绕祭祀中心形成居民点，古典期形成城邦式国家，各城邦均有自己的王朝。玛雅人笃信宗教，文化生活均富于宗教色彩，他们崇拜太阳神、雨神、五谷神、死神、战神、风神、玉米神等神。太阳神居于诸神之上，被尊为上帝的化身。正因如此，所以玛雅社会的统治阶级是祭司和贵族，国王世袭，掌管宗教礼仪，规定农事日期；公社的下层成员为普通的农业劳动者和各业工匠；社会最底层是奴隶，一般是战俘、罪犯和负债者，可以自由买卖。玛雅诸邦在社会发展上与古代世界的初级奴隶制国家相近。

玛雅文明基本上属新石器时代和铜石并用时代，工具、武器全为石制和木制，黄金和铜在古典期之末才开始使用，一直没有用铁器。正因为长期使用石器，所以玛雅人在石器建造方面能对坚硬的石料进行雕镂加工，其建筑工程达到古代世界的极高水平。玛雅建筑以布局严谨、结构宏伟著称，其金字塔式台庙内以废弃物和土堆成，外铺石板或土坯，设有石砌梯道通往塔顶。

玛雅古迹

　　玛雅的雕刻、彩陶、壁画等皆有很高的艺术价值，尤其以著名的博南帕克壁画闻名于世。这幅壁位于墨西哥恰帕斯州博南帕克的一座玛雅神庙内，年代约公元6~8世纪，属于玛雅文

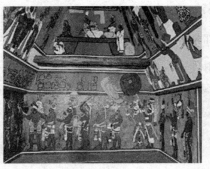
博南帕克壁画

明古典期的繁盛阶段。该神庙因三个厅堂内有鲜艳的壁画而被当地玛雅人称为画厅，秘不示人，直到1946年才被新闻记者偶然发现。壁画保存较好，充分显示出玛雅壁画艺术的高度水平，壁画内容分别表现贵族仪仗、战争与凯旋、庆祝游行和舞蹈等，壁画人物众多，动作表情生动，色彩艳丽，笔法稳健，堪称玛雅文明的艺术瑰宝。

　　玛雅人在天文、数学方面也取得了很大成就。他们通过长期观测天象，已掌握了日食周期和日、月、金星等运行规律，约在古典期之末已创制出太阳历和圣年历两种历法，前者一年13个月，每月20天，全年260天；后者一年18个月，每月20天，另加5天忌日，全年365天，每4年加闰1天，每天都记两历日月名称，每52年重复一周，其精确度超过同时代希腊、罗马所用的历法。数学方面，玛雅人使用"0"的概念比欧洲人早800余年，计数使用二十进位制。玛雅文明的另一独特创造是象形文字，其文字以复杂的图形组成，一般刻在石建筑物（如祭台、梯道、石柱等）之上，刻、写需经长期的训练。现已知的字符约 800 余个，但除年代符号及少数人名、器物名外，多未释读成功。当时用树皮纸和鹿皮写书，内容主要是历史、科学和仪典，至今仍无法释读。

从墨西哥玛雅古城出来后，我们将进入另一个神秘的城堡。

秘鲁马丘比丘城堡："失落的印加城市"

马丘比丘城建在库斯科西北 130 千米处的马丘比丘山脊上，海拔 2000 多米，是南美洲最重要的考古学中心，也因此是秘鲁最受欢迎的旅游景点，那我们一起去探个究竟吧。

美洲一直是一个被认为缺失古文明的大陆，直到 1911 年，美国耶鲁大学历史教授海勒姆·宾加曼只身攀登上险峭的悬崖，位于秘鲁的古城马丘比丘城堡才像一颗深埋已久的珍珠展现在了世人面前。于是，关于美洲的一段古老文明才终于重见天日。

马丘比丘的文明程度丝毫不逊色于古罗马文明和古希腊文明。1983 年印加文明的"得力之作"马丘比丘被联合国教科文组织列入人类文化遗产名录。

马丘比丘城堡是 15 世纪由印加王朝所建，"马丘比丘"在印加语中意为

马丘比丘遗址

"古老的山巅"，也被称作"失落的印加城市"。马丘比丘城堡全城面积约 9 万平方米。马丘比丘古城遗址外围是层层梯田形成的农业区，城区则由 200 座建筑和 109 个连接山坡和城市的石梯组成。城内规划井然，北部多为庄严的宫阙神殿，南部是作坊、居室和公共场所。城墙、宫殿、庙宇以

及居所均建造在安第斯山脉海拔 8000 英尺高的云间，三面是陡峭的悬崖，仅南面可供出入，站在其中可以俯瞰到距利马 310 英里（1 英里 = 1.6 千米）的富饶河谷。由于其圣洁、神秘、虔诚的氛围，马丘比丘被列入全球十大怀古圣地名单，它是世界七大古迹之一。

人们对马丘比丘城堡有很多的疑问，比如城堡的建筑位置、难度都是当时的生产力水平无法承载的负担，强大的帝国为什么要建造这样一座空中城堡？为了防御，为了最后的退守，还是为了生产？对此问题有很多的猜测，其中最有说服力的

马丘比丘古庙

猜想是祭奠神灵。印加人崇拜太阳，太阳神是他们最重要的神灵，印加王都自称为"太阳之子"。选择这样高的位置建设如此规模的城堡，为的只是和太阳更近一些。现代考古学者推断，马丘比丘并不是普通的城市，而是一个举行各种宗教祭祀典礼的活动中心，平时有一些人居住在这里照料寺庙和祭坛，大部分人要到宗教节日才到这里来。考古学家在城中发现的头骨中，绝大多数是女人的头骨，他们推断这些都是为了敬献给太阳神的祭品。

另外，还有关于其建筑的疑问。印加古城的建筑，全用巨石建成，见不到灰浆的痕迹，在那个荒蛮的时代，达到如此的工艺水平是一个谜。更重要的是那些巨石，古印加人从哪里用什么方法搬来的？在崎岖狭窄而危险的山脊上，把巨石运上

马丘比丘建筑

山巅几乎没有可能！关于这一问题，秘鲁科学家认为印加人并没有在悬崖

边玩边学历史

峭壁上搬运巨石，而是在山巅就地取材的。他们在选定的山巅就地采集岩石制作砌块，在山顶开出了一片9万余平方米的开阔平地，垒筑古城，然后把剩余的石块、碎砾全部扔下了山崖，在山巅留下了这座奇迹般的古城。

印加帝国雄霸一方，可是数百名西班牙殖民者闯入印加帝国后，短暂的时间，帝国消亡了，马丘比丘的印加文明失落了，非常遗憾的是直到他们突然"失落"，印加帝国还没有自己的文字（或者还没有被发现），也就消失得没有留下任何记录。据口传历史叙述的阴谋、谎言等卑鄙伎俩让史学家推断部族之间自相残杀，势力削减，使偌大的帝国就此消亡，而真正的原因却一直是一个谜。

谜团等待解开，旅途仍将继续，我们下一个要去的地方是拥有"永恒的缺陷美"的比萨斜塔。

比萨斜塔：永恒的缺陷美

比萨位于意大利中部，是佛罗伦萨附近的一个古城，它的名气并不是由于它历史的悠久，在很大程度是受惠于比萨斜塔的存在。而比萨斜塔之所以享誉世界，也并不是在于其建筑艺术多么高超，而是因为它的"倾斜"成了世界建筑史上的"绝笔"。然而发生在这个斜塔上的故事更是成就了这个斜塔的名气。

这个故事发生在1590年，也就是斜塔建成后的300多年后的某一天——那天，塔下聚集了一大群青年人，有一个年轻的学者拿着一大一小两个铁球、计时沙漏和其他实验用品，登上了塔顶。他走

伽利略的实验

向斜塔的一边，双手举起铁球面向民众，当地面信号一起时，那个年轻人撒开手中的铁球，两个铁球直直地砸向地面，只听"咣"的一声，两个大小不一、重量不等的铁球几乎同时落地。这是一个看似简单的实验，但是，就是这"咣"的一声，叩开了经典物理学的大门，颠覆了那个看似万古不变的真理：物体从空中落下时，一定是重物比轻物快的亚里士多德的论断。而推翻这个持续了 1900 多年之久的错误论断的就是这位年轻学者——后来著名物理学家伽利略，他创造出伟大的"自由落体定律"——如果不计空气阻力，轻重物体的自由下落速度是相同的，即重力加速度的大小都是相同的。

比萨斜塔

下面我们来简要了解一下有关"比萨斜塔"的历史吧。这座堪称世界建筑史奇迹的斜塔，从建筑学上来说，堪称是一个"美丽的错误"。据说，大约在 10 世纪时比萨王国打了一次胜仗，为了炫耀功绩，当时的大公决定建筑一座大教堂，并在教堂旁边修一个钟塔，这就是原本的比萨塔。但是，当钟塔建到三层时发现由于地基、建筑结构等原因，塔身出现了向南倾斜的问题，无奈被迫停工。94 年之后，比萨人建塔之心不死，在原有的基础上继续开工，并把每层南面的柱子略微加高一点以求平衡，但由于塔身过重，而地基的土质松软，因而塔身仍以每年 1.25 毫米的速度向南倾斜。经过几百年的风吹雨打，到 20 世纪末时，塔顶比中轴线偏斜已达 4.5 米，岌岌可危。意大利政府对斜塔展开了紧急抢救，比萨斜塔的倾斜才得以保持在了一个可控的范围之内。

让我们也快快登上这"斜而不倒"的比萨斜塔吧，去做做这个伟大的实验。

同学们，有第一个地方被称作是"世界的肚脐"，很有意思吧！好，我们向新的目的地进发。

复活节岛：世界的肚脐

这个处于"世界肚脐"位置的神秘地方叫复活节岛，岛上的遗留物就像是在默默地讲述着一个遥远的故事，给后人留下费解之谜和无限的遐想。这究竟是怎么回事呢？先去看看再说吧。

距智利海岸 3800 海里的南太平洋上的一个孤岛面积约 180 平方千米，该岛形状近似三角形，由三座火山组成。这个岛的首先发现者是英国航海家爱德华·戴维斯，当他在 1686 年第一次登上这个小岛时，发现这里一片荒凉，但有许多巨大的石像竖在那里，戴维斯感到十分惊奇，于是把这个岛称为"悲惨与奇怪的土地"。1722 年 4 月 5 日，荷兰海军上将雅各布·罗格文航行经过这里再次发现了这个岛，因为那天是耶稣复活节，于是将这个岛命名为"复活节岛"，这个小岛的名称就这样沿用了下来。

罗格文将军在该岛只逗留了一天，他和船员发现岛上有居民。据他们说这些居民有着各种各样的体型，他们对升起的太阳匍匐在地，用火来崇拜巨大石像；他们发现岛上耸立着许多石雕人像，每个石像背靠大海，面对陆地，排列在海岛的岸边上，形态不同，大小也不一样，当时，罗格文对自己看到的一切感到非常惊讶。

复活节岛的石像

戴帽子的石像

复活节岛上的石像共有600多尊，大部分石像有3.5~6米高，也有一些石像高达12米，重达30~90吨，有的石像一顶帽子就重达10吨之多。石像均由整块暗红色火成岩雕凿而成，所有的石像都没有腿，全部是半身像，外形大同小异。石像的面部表情非常丰富，它们的眼睛是专门用发亮的黑曜石或闪光的贝壳镶嵌上的，格外传神，个个额头狭长，鼻梁高挺，眼窝深凹，嘴巴噘翘，大耳垂肩，胳膊贴腹。所有石像都面向大海，表情冷漠，神态威严。远远望去，就像一队准备出征的武士，蔚为壮观。面对这一尊尊构思奇巧的巨人石像，你们有什么疑问呢？快快把你们想到的疑问记录下来吧——

确实，这个小小的岛屿给世人留下了太多的疑问：是谁，何时，为了什么，又用什么方法雕刻了这些石像？如此高大的石像又用什么办法搬到海滨？一些尚未完工的石像，又是遇到什么问题而突然停了下来？它们头上的红色石帽象征着什么？天空沉默着，大海沉默着，石像也沉默着，只有波浪拍打着坚硬的礁石，发出哗哗的声音，也引起了人们的无限猜测和遐想。

在石像附近曾经发现过刻满奇异图案的木板，人称"会说话的木板"，但这些木板后来遭遇了"文明者"带来的浩劫。在探险家发现复活节岛之后，欧洲的传教士纷纷来岛上传播上帝的"旨意"，他们下令，将这些木板统统烧掉，只有一个当地居民抢下了 25 块木板，将它们钉成一条渔船，逃到海上。后来这 25 块木板保存了下来，被世界各地的著名博物馆收藏。这些幸免于难的"会说话的木板"，长 2 米，两边用鲨鱼牙或坚硬的石头刻上方形图案，像鱼、鸟、草木和船桨等，也有一些几何图形。可是，这些"会说话的木板"上的图案究竟是不是文字呢？它又在告诉我们什么呢？谜底至今还没有揭开。

我们再看一张图片吧。

这是一张来自复活节岛上的"鸟人像"，为什么会有像鸟人一样的雕塑呢？"鸟人"出自岛上流传的一个神话：古时候，造物主玛科·玛科向岛上的祭司传授宗教仪式和祭神物品——海鸟蛋，并指定海上

"鸟人像"

两个礁屿为取鸟蛋的地方。这样，每年作八九月份海鸥飞来之时，岛民们就会集中在奥龙戈海边，每个部落推选一名选手顺崖下海，游到 2 千米外的大礁石上寻找鸟蛋，第一个得到鸟蛋的选手立即游回岛上，将蛋交给自

己的酋长，这个酋长便成为当年的"鸟人"，整个一年里，他都被岛民供奉为神明。由于游泳取蛋时常会遭到鲨鱼的袭击，这一活动已停止100多年了，但神圣的祭奠仪式、多彩的化妆表演仍然保留至今，"鸟人"仍是岛民的崇拜神。而近年来，复活节岛上最大的传统节日莫过于一年一度的"鸟人节"了。每年春天，全体岛民齐聚奥龙戈火山顶，选举自己的首领"鸟人"，祭拜自己的神明。为适应旅游的需要，活动时间改在每年的2月份，让更多的游客目睹这奇异的风俗。复活节岛人热情好客，友善礼貌，每迎来宾都献上串串花环。男女青年能歌善

翩翩起舞的复活节岛人

舞，每逢节假日，男人颈套花环，女人头戴花饰，跳起优美的羽裙舞。

他们好热情呀，同学们，你们被感染了吗，我们也一起加入，一起在"世界的肚脐"上载歌载舞吧。

在这美妙的歌舞声中，我们的"古国、古迹"游也将接近尾声，相约明天，明天让我们继续游走在古国之都；相约明天，明天我们将继续在古迹中品读历史！

四、品"三十六计"，学历史

古人云："以铜为镜，可以正衣冠；以古为镜，可以知兴替；以人为镜，可以明得失。"可见，以史为镜，可以知兴替！

"三十六计"是中国古代的军事理论精华，是中国传统智慧的结晶。它使无数政治家、军事家、商人扬名天下，更是多次改写了中国历史。同学们，让我们一起回到那战火纷飞的岁月，共同领略战略家们的足智多谋吧！

第一计 瞒天过海

"瞒天过海"是一种示假隐真的疑兵之计。在战争中，它是一个利用人们存在常见不疑的心理状态，进行战役伪装。隐蔽军队集结和发起进攻企图，以期达到出其不意、出奇制胜的效果。

典 故

公元 583 年，陈叔宝当了陈朝皇帝。他整日吃喝玩乐，不理朝政，奸臣乘机为非作歹，欺压百姓，使得民不聊生，国家危在旦夕。

当时，隋文帝统一了北方，国力强盛，斗志正旺。他分析局势，深知陈朝国力空虚，已不堪一击，便派兵南下，想一举攻灭陈朝。可是，隔着一条滔滔长江，如何进攻才能万无一失？老臣高颎悄悄向他献了一条妙计。

隋文帝依着高颎的计策，一声令下，几路大军浩浩荡荡一齐进攻，首先切断了长江上游与中下游军的联络，使他们不能相互照应。与此同时，隋朝大将贺若弼率大队人马向陈朝国都建康进军。兵马来到长江北岸驻扎下来。只见帐篷林立，军旗飘扬，人喊马嘶，一派战前景象。

江南陈朝将领见这阵势，以为隋军即将渡江攻城，顿时紧张起来，召集全部人马，抖擞精神，准备与隋军决一死战。

谁知剑拔弩张地等了几天，隋军不但没有渡江攻城，反而撤了回去，渡口只留了一些破旧小船。陈朝将士以为隋军水上力量不足，不敢轻易进攻，上上下下都松了口气。

可是不久，隋军又集结江北，安营扎寨。陈军慌忙再度备战。这样反复折腾了几次，弄得陈军人困马乏，加上粮食又被隋军间谍烧毁，陈军更是人心惶惶，进退两难。

就在这时，隋军突然发起总攻。浩浩长江之上，万船齐发，金鼓震天，陈军哪里还有还击之力？连陈后主也乖乖地当了俘虏。

隋文帝笑逐颜开，重奖有功将士。他夸赞高颎道："好一个瞒天过海之计！若不是如此麻痹敌军，我们怎会不费吹灰之力轻易取胜？姜，到底还是老的辣嘛！"

古计今用

在古今中外战争史上，施展瞒天过海之计，出其不意取胜的战例不胜枚举。在商战中，巧用此计获胜者，也不乏其人。

日本一名味精商，为其味精销路不畅而苦恼。一天，他突发奇想，将味精瓶盖上用来倒味精的孔，由直径 1 毫米，加大到 1.5 毫米。用户不知道，用时一倒就多了。消费多了，销量自然也大了。这个商人用的是什么计谋？就是瞒天过海的计谋。他利用人们经常使用此味精常用不疑的心理，促进了消费。

当然，用这种办法促销是不符合经商道德的。但是作为一种计谋，我们需要了解，而且和外商打交道时要提高警惕。俗话说，害人之心不可有，防人之心不可无。

第二计　围魏救赵

解析

"围魏救赵"原指战国时期齐军用围攻魏国的方法，迫使魏国撤回攻赵部队而使赵国得救。后指袭击敌人后方的据点以迫使进攻之敌撤退的战术。

典故

公元前354年，魏国军队围攻赵国都城邯郸，双方战守年余，赵衰魏疲。赵求救于齐，齐王命田忌为将，孙膑为军师，率兵八万救赵。起初，田忌准备直趋邯郸。孙膑认为，要解开纷乱的丝线，不能用手强拉硬扯，要排解别人打架，不能直接参与去打。派兵解围，要避实就虚，击中要害。他向田忌建议说，现在魏国精锐部队都集中在赵国，内部空虚，我们如果带兵向魏国的都城大梁猛插进去，占据它的交通要道，袭击它空虚的地方，向魏国的国都大梁（今河南开封）进军，它必然会回师自救，齐军乘其疲惫，在预先选好的桂陵迎敌于归途，魏军突遭截击，必大败，赵国之围遂解。

于是，孙膑指挥齐军打败庞涓率领的魏军，实现了援救赵国的目的。此后，孙膑便闻名天下了。

这一避实就虚的战法为历代军事家所欣赏，至今仍有其生命力。

第三计　借刀杀人

解 析

　　"借刀杀人"多是封建官僚之间尔虞我诈、相互利用的一种政治权术。用在军事上，主要体现在善于利用第三者的力量，或者善于利用或者制造敌人内部的矛盾，达到取胜的目的。学会识别这一计谋，可以防止上大当，吃大亏。

典 故

　　努尔哈赤父子亲率数十万满兵，声势浩大，锐不可当，进犯明朝，志在必得。明天启六年（1626 年），努尔哈赤亲自率部攻打宁远，以十三万之众围攻宁远守兵万余人。十三比一，力量悬殊。宁远守将袁崇焕身先士卒，奋勇抗敌，击退满兵三次大规模进攻。明军的奋勇抵抗，力挫骄横的满兵。袁崇焕乘满军气馁之时，开城反攻，追杀数十里，击伤努尔哈赤，满军惨败。努尔哈赤遭此败绩，身体负伤，攻占明朝的壮志难酬，羞愧愤懑而死。皇太极继位，第二年，又率师攻打辽定。袁崇焕早有准备，皇太极又兵败而回。

　　又经过几年的准备，皇太极再次攻打明朝。明崇祯三年（1630 年），他为避开袁崇焕守地，由内蒙越长城，攻山海关的后方，气势汹汹，长驱而入。袁崇焕闻报，立即率部入京勤王，日夜兼程，比满兵早三天抵达京城的广渠门外，做好迎敌准备。满兵刚到，即遭迎头痛击，满兵先锋巴添狼狈而逃。

皇太极视袁崇焕为从未有过的劲敌，又忌又恨又害怕，袁成了他的心病。皇太极为了除掉袁崇焕，绞尽脑汁，定下借刀杀人之计，他深知崇祯帝猜忌心特重，难以容人。于是秘密派人用重金贿赂明廷的宦官，向崇祯告密，说袁崇焕已和满洲订下密约，故此满兵才有可能深入内地。崇祯勃然大怒，将袁崇焕下狱问罪，并不顾将士吏民的请求，将袁崇焕处死。皇太极借崇祯之刀除掉心腹之患，从此肆无忌惮，长驱直入，最终入主中原。

"借刀杀人"之计在文学作品中的运用

"借刀杀人"在文学作品中的应用尤其多，比如莎士比亚四大悲剧之一《奥赛罗》就是一个典型的借刀杀人的故事。

剧中有一个小人叫亚库，他为了取代奥赛罗当上统帅，利用奥赛罗容易轻信和嫉妒心重的特点，施展了"借刀杀人之"计。奥赛罗有一个年轻美丽的妻子叫泰丝德蒙娜，她有一条小小的手绢被亚库捡到了，亚库就拿这个手绢作为引子去挑拨奥赛罗，说他的妻子泰丝德蒙娜跟他的副手有奸情，奥赛罗看到"物证"，深信不疑，掐死了妻子。等他发现真相以后，悔之晚矣，最终自杀。

第四计　以逸待劳

解析

"以逸待劳"指在战争中做好充分准备，养精蓄锐，等疲乏的敌人来犯时给予迎头痛击。"以逸待劳"在现代经商赚钱之中也是经常用到的一计。利用此计需要经营者心理承受能力好，在和对手进行斗智斗勇的过程中，要耐得住时间，耐得住各种各样的诱惑和小恩小惠，保持良好的自我状态，才能取得自己真正的需求。

典故

三国时，吴国设计杀了关羽，刘备怒不可遏，亲自率领七十万大军伐吴。蜀军从长江上游顺流进击，居高临下，势如破竹。举兵东下，连胜十余阵，锐气正盛，直至彝陵、猇亭一带，深入吴国腹地五六百里。孙权命青年将领陆逊为大都督，率五万人迎战。

陆逊深谙兵法，正确地分析了形势，认为刘备锐气始盛，并且居高临下，吴军难以进攻。于是决定实行战略退却，以观其变。吴军完全撤出山地，这样，蜀军在五六百里的山地一带难以展开，反而处于被动地位，欲战不能，兵疲意阻。相持半年，蜀军斗志松懈。

陆逊看到蜀军战线绵延数百里，首尾难顾，在山林安营扎寨，犯了兵家之忌。时机成熟，陆逊下令全面反攻，打得蜀军措手不及。陆逊一把火，烧毁蜀军七百里连营，蜀军大乱，伤亡惨重，慌忙撤退。陆逊由此也创造了战争史上以少胜多、后发制人的著名战例。

第五计　趁火打劫

解析

"趁火打劫""火"即对方的困难、麻烦。敌方的困难不外有两个方面，即内忧、外患。天灾人祸，经济凋敝，民不聊生，怨声载道，农民起义，内战连年，都是内患；外敌入侵，战事不断，都是外患。敌方有内忧，就占它的领土；敌方有外患，就争夺他的百姓；敌方内忧外患岌岌可危，赶快兼并它。总之，抓住敌方大难临头的危急之时，赶快进兵，肯定稳操胜券。

典 故

努尔哈赤、皇太极都早有入主中原的打算，只是直到去世都未能如愿。顺帝即位时，年龄太小，只有七岁，朝廷的权力都集中在摄政王多尔衮手上。多尔衮对中原早就有攻占之意，想在他手上建立功业，已遂父兄未完成的入主中原的遗愿。他时刻虎视眈眈地注视着明朝的一举一动。

明朝末年，天气异常寒冷，灾荒频繁和外敌频繁入侵在风雨中飘摇。十六岁登基的崇祯帝竭尽全力，勤俭勤勉，兢兢业业，付出全部的精力与明末庞大的文官集团抗争，用尽心力去挽救天下和百姓，最终以身殉社稷。

1644 年，李自成率农民起义军一举攻占京城，建立了大顺王朝。可惜农民军进京之后，立足未稳，首领们便渐渐腐化堕落。明朝名将吴三桂的爱妾陈圆圆也被起义军将领掳去。吴三桂本是势利小人，惯于见风使舵。他看到明朝大势已去，李自成自立为大顺皇帝，本想投奔李自成巩固自己的实力。而李自成胜利之后，滋长了骄傲情绪，没把吴三桂看在眼里，抄了他的家，扣押了他的父亲，掳了他的爱妾。吴三桂，"冲冠一怒为红颜"，终于决定投靠多尔衮。多尔衮闻讯，欣喜若狂，认为时机成熟，可以实现多年的愿望了。这时中原内部战火纷飞，李自成江山未定，于是多

边玩边学历史

尔衮迅速联合吴三桂的部队，进入山海关，只用了几天的时间，就打到京城，赶走了李自成，为清军占领中原奠定了基础。

第六计　声东击西

 解　析

"声东击西"是指：忽东忽西，即打即离，制造假象，引诱敌人作出错误的判断，然后乘机歼敌的策略。为使敌方的指挥发生混乱，必须采用灵活机动的行动，本不打算进攻甲地，却佯装进攻；本来决定进攻乙地，却不显出任何进攻的迹象。似可为而不为，似不可为而为之，敌方就无法推知己方意图，被假象迷惑，作出错误的判断。

典　故

东汉时期，班超出使西域，目的是团结西域诸国共同对抗匈奴。为了使西域诸国便于共同对抗匈奴，必须先打通南北通道。地处大漠西缘的莎车国煽动周边小国归附匈奴，反对汉朝。班超决定首先平定莎车国。莎车国国王北向龟兹求援，龟兹王亲率五万人马，援救莎车国。班超联合于阗等国，兵力只有二万五千人，敌众我寡，难以力克，必须智取。

班超遂定下声东击西之计，迷惑敌人。他派人在军中散布对班超的不满言论，制造打不赢龟兹，有撤退的迹象。并且特别让莎车国俘虏听得一清二楚。这天黄昏，班超命于阗大军向东撤退。自己率部向西撤退，表面上显得慌乱，故意放俘虏趁机脱逃。俘虏逃回莎车国营中，急忙报告汉军慌忙撤退的消息。龟兹王大喜，误认班超惧怕自己而慌忙逃窜，想趁此机会追杀班超。龟兹王立刻下令兵分两路，追击逃敌。他亲自率一万精兵向西追杀班超。班超胸有成竹，趁夜幕笼罩大漠，撤退仅十里地，部队即就地隐蔽。龟兹王求胜心切，率领追兵从班超隐蔽处飞驰而过，班超立即集合部队，与事先约定的东路于阗人马迅速回师杀向莎车兵。班超的部队如从天而降，莎车兵猝不及防，迅速瓦解。莎车王惊魂未定，逃走不及，只得请降。龟兹王气势汹汹，追走一夜，未见班超军的踪影，又听得莎车已被平定，人马伤亡惨重的报告，大势已去，只有收拾残部，悻悻然返回龟兹。

又一例

台湾被荷兰殖民者统治数十年，民族英雄郑成功立志收复台湾。1661年4月，郑成功率二万五千名将士顺利登上澎湖。要收复台湾岛，赶走殖民军，必须先攻下赤嵌城（今台南安平）。郑成功亲自寻访熟悉地势的当地老人，了解到攻打赤嵌城只有两条航道可进：一条是攻南航道，这条道港阔水深，船只可以畅通无阻，又较易登陆。荷兰殖民军在此设有重兵，工事坚固，炮台密集，对准海面；另一条是攻北航通，直通鹿耳门。但是这条航道海水很浅，礁石密布，航通狭窄。殖民军还故意凿沉一些船只，阻塞航道。他们认为这里无法登陆，所以只派少量兵力防守。郑成功又进一步了解到，这条航道虽浅，但海水涨潮时，仍可以通大船。于是决定趁涨潮时先攻下鹿耳门，然后绕道从背后攻打赤嵌玻。

郑成功首先派出部分战舰，浩浩荡荡，装作从南航道进攻的架势。荷兰殖民军急忙调集大批军队防守航道。为了迷惑敌人，郑成功的部队声威浩大，喊声震天，炮火不断。这一下，郑成功非常成功地把殖民军的注意力全部吸引到了南航道。北航道上一片沉寂，殖民军以为平安无事。南航道激战正酣，在一个月明星稀之夜，郑成功率领主力战舰，人不知，鬼不觉，乘海水涨潮时迅速登上鹿耳门，守军从梦中惊醒，发现已被包围。郑成功乘胜进兵，从背后攻下赤嵌城。荷兰殖民军狼狈逃窜，台湾又回到祖国怀抱。

第七计　无中生有

解　析

"无中生有"的关键在于真假要有变化，虚实必须结合，一假到底，易被敌人发觉，难以制敌。先假后真，先虚后实，无中必须生有。指挥者必须抓住敌人已被迷惑的有利时机，以出奇制胜的速度，攻击敌方，在敌人头脑还来不及清醒时，即被击溃。

典　故

战国末期，七雄并立。实际上，秦国兵力最强，楚国地盘最大，齐国地势最好；其余四国都不是他们的对手。当时，齐楚结盟，秦国无法取胜。秦国的相国张仪是个著名谋略家，他向秦王建议，离间齐楚，再分别击之。秦王觉得有理，遂派张仪出使楚国。

张仪带着厚礼拜见楚怀王，说秦国愿意把商于之地六百里（今河南淅川、内江一带）送与楚国，只要楚能绝齐之盟。楚怀王一听，觉得有利可图：一得了地盘，二削弱了齐国，三又可与强秦结盟。于是不顾大臣的反对，痛痛快快地就答应了。楚怀王派逢侯丑与张仪赴秦，签订条约。二人快到咸阳的时候，张仪假装喝醉酒，从车上掉下来，回家养伤。逢侯丑只得在馆驿住下。过了几天，逢侯丑见不到张仪，只得上书秦王。秦王回信说：既然有约定，寡人当然遵守。但是楚未绝齐，怎能随便签约呢？

逢侯丑派人向楚怀王汇报，楚怀王哪里知道秦国早已设下圈套，立即派人到齐国，大骂齐王，于是齐国绝楚和秦。

这时，张仪的"病"也好了，碰到逢侯丑，说："咦，你怎么还没有回国？"逢侯丑说："正要同你一起去见秦王，谈送商于之地一事。"张仪却说："这点小事，不要秦王亲自决定。我当时已说将我的奉邑六里，送给楚王，我说了就成了。"逢侯丑说："你说的是商于六百里！"张仪故作惊讶："哪里的话！秦国土地都是征战所得，岂能随意送人？你们听错了吧！"

逢侯丑无奈，只得回报楚怀王。楚怀王大怒，发兵攻秦。可是现在秦齐已经结盟，在两国夹击之下，楚军大败，秦军尽取汉中之地六百里。最后，楚怀王只得割地求和。

楚怀王中了张仪无中生有之计，不但没有得到好处，相反却丧失了大片国土。

第八计　暗度陈仓

解析

韩信的"明修栈道，暗度陈仓"是中国历史上有名的战例，历来为人们所津津乐道。韩信的这一招，奠定了刘邦大业的基础，后来被很多兵法家所效法。

"暗度陈仓"的前提，是"明修栈道"，即公开地展示一个让敌人觉得愚蠢或者无害的战略行动，以使敌人松懈警示。在公开行动的背后，或有真正的行动，或去转移防卫，趁敌人被假象蒙蔽而放松警惕时，给敌人以措手不及的致命打击，自己则在没有遭到任何抵抗或防备的情况下，出奇制胜。

典故

秦朝末年，政治腐败，群雄并起，纷纷反秦。刘邦的部队首先进入关中，攻进咸阳。势力强大的项羽进入关中后，逼迫刘邦退出关中。鸿门宴上，刘邦险些丧命。刘邦此次脱险后，只得率部退驻汉中。为了麻痹项羽，刘邦退走时，将汉中通往关中的栈道全部烧毁，表示不再返回关中。其实刘邦一天也没有忘记一定要击败项羽，争夺天下。

公元前206年，已逐步强大起来的刘邦派大将军韩信出兵东征。出征之前，韩信派了许多士兵去修复已被烧毁的栈道，摆出要从原路杀回的架势。关中守军闻讯，密切注视修复栈道的进展情况，并派主力部队在这条路线各个关口要塞加紧防范，阻拦汉军进攻。

韩信"明修栈道"的行动果然奏效，由于吸引了敌军注意力，把敌军的主力引诱到了栈道一线，韩信立即派大军绕道到陈仓（今陕西宝鸡市东）发动突然袭击，一举打败章邯，平定三秦，为刘邦统一中原迈出了决定性的一步。

第九计　隔岸观火

解析

"隔岸观火"就是"坐山观虎斗",意思是隔着河看失火。比喻置身事外,采取袖手旁观的态度。

当敌方内部矛盾趋于激化、秩序混乱时,我方一定要静静等待敌人发生暴乱,等敌方反目成仇,势必自取灭亡。而且如果能够顺应时机而行动,就会得到好的结果。

典故

战国后期,秦将武安君白起在长平一战全歼四十万赵军,赵国国内一片恐慌。白起乘胜接连攻下韩国十七城,直逼赵国国都邯郸,赵国指日可破。赵国情势危急,平原君的门客苏代向赵王献计,愿意冒险赴秦,以救燃眉之急。赵王与群臣商议,决定依计而行。

苏代带着厚礼到咸阳拜见应侯范雎,对范雎说:"武安君这次长平一战,威风凛凛,现在又直逼邯郸,他可是秦国统一天下的头号功臣。我可为您担心呀!您现在的地位在他之上,恐怕将来您不得不位居其下了。这个人不好相处啊。"苏代巧舌如簧,说得应侯沉默不语。过了好一会儿,才问苏代有何对策。苏代说:"赵国已很衰弱,不在话下,何不劝秦王暂时同意议和。这样可以剥夺武安君的兵权,您的地位就稳如泰山了。"

范雎立即面奏秦王："秦兵劳苦日久，需要修整，不如暂时宣谕息兵，允许赵国割地求和。"秦王果然同意。结果，赵国献出六城，两国罢兵。

白起突然被召班师回国，心中不快，后来知道是应侯范雎的建议，也无可奈何。

两年后，秦王又发兵攻赵，白起正在生病，改派王陵率十万大军前往。这时赵国已起用老将廉颇，由于设防甚严，秦军久攻不下。秦王大怒，决定让白起挂帅出征。白起说："赵国统帅廉颇精通战略，不能与当年的赵括相比；再说，两国已经议和，现在进攻，会失信于诸侯。所以，这次出兵，恐难取胜。"秦王又派范雎去动员白起，两人矛盾很深，白起便装病不答应。秦王说："除了白起，难道秦国无将了吗？"于是又派王陵攻邯郸，五个月都没攻下。秦王又令白起挂帅，白起谎称病重，拒不受命。秦王怒不可遏，撤去白起的官职，并将他赶出了咸阳。这时范雎对秦王说："白起心怀怨恨，如果让他跑到别的国家去，肯定是秦国的祸害。"秦王一听，立即派人赐剑白起，令其自刎。为秦国立下汗马功劳的白起，最终落到这个下场。

当白起围邯郸时，秦国国内本无"火"，可是苏代点燃范雎的妒忌之火，制造秦国内乱，文武失和。赵国隔岸观火，才使自己免遭灭亡。

第十计　笑里藏刀

解析

"笑里藏刀"，原意是指那种口蜜腹剑，两面三刀的做法。此计用在军事上，是运用政治外交上的伪装手段，欺骗麻痹对方，来掩盖己方的军事行动。这是一种表面友善而暗藏杀机的谋略。

三国时期，由于荆州地理位置十分重要，成为兵家必争之地。公元217年，鲁肃病死。孙、刘联合抗曹的"协议"已经结束。

当时关羽镇守荆州，孙权久存夺取荆州之心，只是时机尚未成熟。不久以后，关羽发兵进攻曹操控制的樊城，怕有后患，留下重兵驻守公安、南郡，保卫荆州。孙权手下大将吕蒙认为夺取荆州的时机已到，但因有病在身，就建议孙权派当时毫无名气的青年将领陆逊接替他的位置，驻守陆口。

陆逊上任，并不显山露水，定下了与关羽假和好、真备战的策略。他给关羽写了一封信，信中极力夸耀关羽，称关羽功高威重，可与晋文公、韩信齐名。自称一介书生，年纪太轻，难担大任，要关羽多加指教。关羽骄傲自负，目中无人，读罢陆逊的信，仰天大笑，说道："无虑江东矣。"于是马上从防守荆州的守军中调出大部人马，一心一意攻打樊城。陆逊又暗地派人向曹操通风报信，约定双方一起行动，夹击关羽。

孙权认定夺取荆州的时机已经成熟，于是派吕蒙为先锋，向荆州进发。吕蒙将精锐部队埋伏在改装成商船的战舰内，日夜兼程，突然袭击，攻下南部。关羽得讯，急忙回师，但为时已晚，孙权大军已占领荆州。关羽只得败走麦城。

第十一计　李代桃僵

解 析

在战场上较量时，兵家们往往牺牲局部保全整体，或牺牲小股兵力保存实力，以获得最后的胜利，这就是一种"李代桃僵"法。

典 故

春秋时期，晋国大奸臣屠岸贾鼓动晋景公灭掉了晋国有功的赵氏家族。屠岸贾率三千人把赵府团团围住，把赵家全家老小杀得一个不留。当时，赵朔之妻庄姬公主已被秘密送进宫中。屠岸贾闻讯必欲赶尽杀绝，要晋景公杀掉公主。景公念在姑侄情分，不肯杀公主。并且公主已怀孕，屠岸贾见景公不杀她，就定下斩草除根之计，准备杀掉婴儿。后来，公主生下一男婴，屠岸贾亲自带人入宫搜查，公主将婴儿藏在裤内，躲过了搜查。屠岸贾估计婴儿已偷送出宫，立即悬赏缉拿。

赵家忠实门客公孙杵臼与程婴商量救孤之计：如能将一婴儿与赵氏孤儿对换，我带这一婴儿逃到首阳山，你便去告密，让屠贼搜到那个假赵氏遗孤，方才会停止搜捕，赵氏嫡脉才能保全。程婴的妻子此时正生了一男婴，他决定用亲子替代赵氏孤儿。他以大义说服妻子忍着悲痛把儿子让公孙杵臼带走。程婴依计，向屠岸贾告密。屠岸贾迅速带兵追到首阳山，在公孙杵臼居住的茅屋，搜出一个用锦被包裹的男婴。于是屠岸贾摔死了婴儿，他认为已经斩草除很，便放松了警戒。在忠臣韩厥的帮助下，一个心腹假扮医生，入宫给公主看病，用药箱偷偷把婴儿带出宫外，程婴已经听说自己的儿子被屠岸贾摔死，强忍悲痛，带着孤儿逃往外地。十五年后，孤儿长大成人，知道自己的身世后，在韩厥的帮助下，兵戈讨贼，杀了奸臣屠岸贾，报了大仇。

程婴见赵氏大仇已报，陈冤已雪，不肯独享富贵，拔剑自刎，他与公孙杵臼合葬一墓，后人称"二义冢"。他们的美名千古流传。

第十二计　顺手牵羊

解析

"顺手牵羊"是看准敌方在行动中出现的漏洞，抓住薄弱点，乘虚而入获取胜利的谋略。古人云："善战者，见利不失，遇时不疑。"意思是要捕捉战机，乘隙争利。当然，小利是否应该必得，这要考虑全局，只要不会"因小失大"，小胜的机会也不应该放过。

典故

公元 383 年，前秦统一了黄河流域地区，势力强大。前秦王苻坚坐镇项城，调集九十万大军，打算一举歼灭东晋。他派其弟苻融为先锋攻下寿阳，初战告捷。苻融认为东晋兵力不多并且严重缺粮，建议苻坚迅速进攻东晋。苻坚闻讯，不等大军齐集，便率几千骑兵赶到寿阳。东晋将领谢石得知前秦百万大军尚未齐集，抓住时机，击败敌方前锋，挫伤敌军锐气。谢石先派勇将刘牢之率精兵五万，强渡洛涧，杀了前秦守将梁成。刘牢之乘胜追击，重创前秦军。谢石率师渡过洛涧，顺淮河而上，抵达淝水一线，驻扎在八公山边，与驻扎在寿阳的前秦军隔岸对峙。苻坚见东晋阵势严整，立即命令坚守河岸，等待后续部队。

谢石看到敌众我寡，只能速战速决。于是，他决定用激将法激怒骄狂的苻坚。他派人送去一封信，说道，我要与你决一雌雄，如果你不敢决战，还是趁早投降为好。如果你有胆量与我决战，你就暂退一箭之地，放我渡河与你比个输赢。苻坚大怒，决定暂退一箭之地，等东晋部队渡到河中间，再回兵出击，将晋兵全歼水中。他哪里料到此时秦军士气低落，撤军令下，顿时大乱。秦兵争先恐后，人马冲撞，乱成一团，怨声四起。这时指挥已经失灵，几次下令停止退却，但如潮水般撤退的人马已成溃败之势。这时谢石指挥东晋兵马，迅速渡河，乘敌人大乱，奋力追杀。前秦先锋苻融被东晋军在乱军中杀死，苻坚也中箭受伤，慌忙逃回洛阳。前秦大败。淝水之战，东晋军抓住战机，乘虚而入，是古代战争史上以弱胜强的著名战例。

 又一例

唐朝中期，各镇节度使都拥有军事、经济大权，根本不把朝廷放在眼里。蔡州节度使的儿子吴元济在父死之后，起兵叛乱。唐宪宗派大将李愬担任唐州节度使，剿灭吴元济。

李愬到任，放风麻痹吴元济。散布说，我是个懦弱无能的人。朝廷派我来，只是为了安顿地方秩序。至于攻打吴元济，与我无干。吴元济观察了李愬的动静，见他毫无进攻之意，也就不把李愬放在心上了。

其实李愬一直在思考攻打吴元济老巢蔡州的策略。他趁机擒获了吴元济手下的大将李佑，对他优礼有加，感动了李佑。李佑告诉李愬，吴元济的主力部队都部署在洄曲一带，防止官军进攻，而防守蔡州城的不过是些老弱残兵。蔡州是吴元济最大的空隙,如果出奇制胜,应该迅速直捣蔡州,活捉吴元济。

在一个雪天的傍晚,李愬率领精兵抄小路,神奇地直抵蔡州城边,趁守城士兵呼呼大睡时,爬上城墙,杀了守兵,打开城门,部队静悄悄涌进了城。等吴元济从睡梦中惊醒,发现宅第已被围困,负隅顽抗,终于被捉。

第十三计 打草惊蛇

解析

"打草惊蛇",一则指对于隐蔽的敌人,己方不得轻举妄动,以免敌方发现我军意图而采取主动;二则指用佯攻助攻等方法"打草",引蛇出洞,中我埋伏,聚而歼之。

典故

南唐时候,当涂县的县令叫王鲁。王鲁贪得无厌,财迷心窍,见钱眼开,只要有利可图,就可以不顾是非曲直,颠倒黑白。在他做当涂县令的任上,干了许多贪赃枉法的坏事。

常言说,上梁不正下梁歪。王鲁属下的那些大小官吏,也一个个明目张胆地干坏事,他们变着法子敲诈勒索、贪污受贿,巧立名目搜刮民财,这样的大小贪官竟占了当涂县官吏的十之八九。因此,当涂县的老百姓真是苦不堪言,一个个从心里恨透了这些狗官,总希望能有个机会好好惩治他们，出出心中的怨气。

一次，适逢朝廷派员下来巡察地方官员情况，当涂县老百姓一看，机会来了。于是大家联名写了状子，控告县衙里的主簿等人营私舞弊、贪污受贿的种种行径。状子首先递送到了县令王鲁手上。王鲁把状子从头到尾粗略看了一遍，这一看不打紧，却把这个王鲁县令吓得心惊肉跳，浑身直打哆嗦，直冒冷汗。原来，老百姓在状子中所列举的种种犯罪事实，全都和王鲁自己曾经干过的坏事相类似，而且其中还有许多坏事都和自己有牵连。状子虽是告主簿几个人的，但王鲁觉得就跟告自己一样。他越想越感到事态严重，越想越觉得害怕，如果老百姓再继续控告下去，马上就会控告到自己头上了，这样一来，朝廷知道了实情，查清自己在当涂县的胡作非为，自己岂不是要大祸临头！

王鲁想着想着，惊恐的心怎么也安静不下来，他不由自主地用颤抖的手拿笔在案卷上写下了他此刻的真实感受："汝虽打草，吾已惊蛇。"写罢，他手一松，瘫坐在椅子上，笔也掉到了地上。

那些干了坏事的人常常是做贼心虚，当真正的惩罚还未到来之前，只要有一点什么声响，他们也会闻风丧胆的。

又一例

公元前 627 年，秦穆公发兵攻打郑国，打算和安插在郑国的奸细里应外合，夺取郑国都城。大夫蹇叔以为秦国离郑国路途遥远，兴师动众长途跋涉，郑国肯定会做好迎战准备。秦穆公不听，派孟明等三帅率部出征。蹇叔在部队出发时，痛哭流涕地警告说，恐怕你们这次袭郑不成，反会遭到晋国的埋伏，我只有到崤山去给士兵收尸了。果然不出蹇叔所料，郑国得到了秦国袭郑的情报，逼走了秦国安插的奸细，做好了迎敌准备。秦军

品『三十六计』，学历史

见袭郑不成，只得回师，但部队长途跋涉，十分疲惫。部队经过崤山时，未作防备。他们以为秦国曾对晋国刚死不久的晋文公有恩，晋国不会攻打秦军。秦军哪里知道，晋国早在崤山险峰峡谷中埋伏了重兵。一个炎热的中午，秦军发现晋军小股部队，孟明十分恼怒，下令追击。追到山隘险要处时晋军突然不见了踪影。孟明一见此地山高路窄，草深林密，情知不妙。这时鼓声震天，杀声四起，晋军伏兵蜂拥而上，大败秦军，生擒孟明等三帅。秦军不察敌情，轻举妄动，"打草惊蛇"，终于遭到惨败。

第十四计　借尸还魂

解析

历史上常有这种情况，在改朝换代的时候，都喜欢推出亡国之君的后代，打着他们的旗号来号召天下，用这种"借尸还魂"的方法，达到夺取天下的目的。在军事上，指挥官一定要善于分析战争中各种力量的变化，要善于利用一切可以利用的力量。有时，我方即使受挫，处于被动局面，如果善于利用敌方矛盾，利用一切可以利用的力量，也能够转被动为主动，改变战争形势，达到取胜的目的。

典故

秦朝实行暴政，天下百姓"欲为乱者，十室有五"。大家都有反秦的愿望，但是如果没有强有力的领导者和组织者，也就难成大事。秦二世元年，陈胜、吴广被征发到渔阳戍边。当这些戍卒走到大泽乡时，突然连降大雨，道路被水淹没，眼看无法按时到达渔阳了。按秦朝法律，凡是不能按时到达指定地点的戍卒，一律处斩。陈胜、吴广知道，即使到达渔阳，也会因误期被杀，不如一拼，寻求一条活路。他们知道同去的戍卒也都有这种思想，正是举兵起义的大好时机。

陈胜又想到，自己地位低下，恐怕没有号召力。当时有两个人深受人民尊敬，一个是秦始皇的大儿子扶苏，温良贤明，已被阴险狠毒的秦二世暗中杀害，老百姓却不知情；另一个是楚将项燕，功勋卓著，爱护将士，威望极高，在秦灭六国之后不知去向。于是，陈胜公开打出他们的旗号，以期能够得到大家的拥护。他们还利用当时人们的迷信心理，巧妙地做了其他安排。有一天，士兵做饭时，在鱼腹中发现一块丝帛，上面写着"陈胜王"（这个"王"字是"称王"的意思），士兵大惊，便暗中传开了。吴广又趁夜深人静之时，在旷野荒庙中学狐狸叫，士兵们还隐隐约约地听到空中有"大楚兴，陈胜王"的口号。他们以为陈胜不是一般的人，肯定是"天意"让他来领导大家的。陈胜、吴广见时机已到，便率领戍卒杀死了朝廷派来的将尉。陈胜登高一呼，揭竿而起。他说：我们反正活不成了，不如和他们拼个你死我活，就是死，也要死出个样儿来。于是，陈胜自号为将军，吴广为都尉，攻占大泽乡，天下云集响应，节节胜利，所向披靡。后来，部下拥立陈胜为王，国号"张楚"。

又一例

赤壁大战之后，刘备势力增强，但还不雄厚。他和孙权都把眼睛盯住了四川——地理位置好、资源丰富，是个可以大展宏图的好地方。但是，曹操统一中原的决心已定，虎视眈眈，牵制住了孙权的力量。刘备、孙权一时都对四川无法下手。公元 215 年，曹操进攻汉中，张鲁降曹。益州刘璋集团形势危急。这时，刘璋集团内部争权夺利，分崩离析。刘璋生怕曹操进攻四川，心想，不如请刘备来，共同抵御曹操。刘备得讯，喜不自胜，正中下怀，这不正是他进军四川的大好时机吗，他派关羽留守荆州，亲自率步卒万人进入益州。刘璋推举刘备为大司马领司隶校尉，自己为镇西大将军兼益州牧。

当然，刘备、刘璋的这段"蜜月"肯定长不了。一天，刘备接到荆州来信，说曹操兴兵侵犯孙权。刘备请刘璋派三万精兵、十万斛军粮前去助战。刘璋怕削弱了自己的力量，只同意派三千老兵出川。刘备乘机大骂刘璋：我为你抵御曹操，你却吝惜钱财，我怎能和你这种人合作共事！于是向刘璋宣战，乘胜直捣成都，完成了占领四川的计划。刘备就是借刘璋这个"尸"，扩充了实力，占据了四川，为以后建国打下了基础。

第十五计　调虎离山

解析

"调虎离山"，此计用在军事上，是一种调动敌人的谋略。它的核心在一个"调"字。虎，指敌方，山，指敌方占据的有利地势。如果敌方占据了有利地势，并且兵力众多，防范严密，此时，我方不可硬攻。正确的方法是设计相诱，把敌人引出坚固的据点，或者把敌人诱入对我军有利的地区，这样做才可以取胜。

东汉末年，军阀并起，各霸一方。孙坚之子孙策，年仅十七岁，年少有为，继承父志，势力逐渐壮大。公元 199 年，孙策欲向北推进，准备夺取江北卢江郡。卢江郡南有长江之险，北有淮水阻隔，易守难攻。

占据卢江的军阀刘勋势力强大，野心勃勃。孙策知道，如果硬攻，取胜的机会很小。他和众将商议，定出了一条调虎离山的妙计。针对军阀刘勋极其贪财的弱点，孙策派人给刘勋送去一份厚礼，并在信中把刘勋大肆吹捧一番。信中说刘勋功名远播，令人仰慕，并表示要与刘励交好。孙策还以弱者的身份向刘勋求救。他说，上缭经常派兵侵扰我们，我们力弱，不能远征，请求将军发兵降服上缭，我们感激不尽。刘勋见孙策极力讨好自己，万分得意。上缭一带，十分富庶，刘勋早想夺取，今见孙策软弱无能，免去了后顾之忧，决定发兵上缭。部将刘晔极力劝阻，刘勋哪里听得进去，他已经被孙策的厚礼、甜言迷惑住了。

孙策时刻监视刘勋的行动，见刘勋亲自率领几万兵马去攻上缭，城内空虚，心中大喜，说："老虎已被我调出山了，我们赶快去占据它的老窝吧！"于是立即率领人马，水陆并进，袭击卢江，几乎没遇到顽强的抵抗，就十分顺利地控制了卢江。刘勋猛攻上缭，一直不能取胜。突然得报，孙策已取卢江，情知中计，后悔已经来不及了，只得灰溜溜地去投奔曹操。

第十六计　欲擒故纵

解析

"欲擒故纵"中的"擒"和"纵",是一对矛盾。军事上,"擒",是目的,"纵",是方法。古人有"穷寇莫追"的说法。实际上,不是不追,而是看怎样去追。把敌人逼急了,它只得集中全力,拼命反扑。不如暂时放松一步,使敌人丧失警惕,斗志松懈,然后再伺机而动,歼灭敌人。

典故

诸葛亮七擒孟获,就是军事史上一个"欲擒故纵"的绝妙战例。蜀汉建立之后,定下北伐大计。当时西南夷酋长孟获率十万大军侵犯蜀国。诸葛亮为了解决北伐的后顾之忧,决定亲自率兵先平孟获。蜀军主力到达泸水(今金沙江)附近,诱敌出战,事先在山谷中埋下伏兵,孟获被诱入伏击圈内,兵败被擒。

按理说,擒拿敌军主帅的目的已经达到,敌军一时也不会有很强战斗力了,乘胜追击,自可大破敌军。但是诸葛亮考虑到孟获在西南夷中威望很高,影响很大,如果让他心悦诚服,主动请降,就能使南方真正稳定。不然的话,南方夷各个部落仍不会停止侵扰,后方难以安定。诸葛亮决定对孟获采取"攻心"战,断然释放了孟获。孟获表示下次定能击败你,诸葛亮笑而不答。孟获回营,拖走所有船只,据守泸水南岸,阻止蜀军渡河。诸葛亮乘敌不备,从敌人不设防的下流偷渡过河,并袭击了孟获的粮仓。孟获暴怒，要严惩将士，激起将士的反抗，于是相约投降，趁孟获不备，将孟获绑赴蜀营。诸葛亮见孟获仍不服，再次释放。以后孟获又施了许多计策，都被诸葛亮识破，四次被擒，四次被释放。最后一次，诸葛亮火烧孟获的藤甲兵，第七次生擒孟获。终于感动了孟获，他真诚地感谢诸葛亮七次不杀之恩，誓不再反。从此，蜀国西南安定，诸葛亮才得以举兵北伐。

又一例

西晋末年，幽州都督王浚企图谋反篡位。晋朝名将石勒闻讯后，打算消灭王浚的部队。王浚势力强大，石勒恐一时难以取胜。他决定采用"欲擒故纵"之计，麻痹王浚，他派门客王子春带了大量珍珠宝物，敬献给王浚。并写信向王浚表示拥戴他为天子。信中说，现在社稷衰败，中原无主，只有你威震天下，有资格称帝。王子春又在一旁添油加醋，说得王浚心里喜滋滋的，信以为真。正在这时，王浚有个部下名叫游统的，伺机谋叛王浚。游统想找石勒做靠山，石勒却杀了游统，将游统首级送给王浚。这样一来，使王浚对石勒绝对放心了。

公元314年，石勒探听到幽州遭受水灾，老百姓没有粮食，王浚不顾百姓生死，苛捐杂税有增无减，使得民怨沸腾，军心浮动。石勒亲自率领部队攻打幽州。这年四月，石勒的部队到了幽州城，王浚还蒙在鼓里，以为石勒来拥戴他称帝，根本没有准备应战。等到他突然被石勒将士捉拿时，才如梦初醒。王浚中了石勒"欲擒故纵"之计，身首异处，美梦成了泡影。

第十七计　抛砖引玉

解析

作为一种谋人之术，"抛砖引玉"绝不可像交流意见与信息时那样温文尔雅，而是一种以小利谋大利的诱骗术、掠夺术、谋取术。砖抛出来，专等玉来，玉不来，则使用各种手段来取，或诱取，或骗取，或巧取，或用各种武力强取。

典故

公元前700年，楚国发兵攻打绞国（今湖北郧县西北），大军行动迅速。楚军兵临城下，气势旺盛，绞国自知出城迎战，凶多吉少，便决定坚守城池。绞城地势险要，易守难攻。楚军多次进攻，均被击退。两军相持一个多月。楚国大夫莫傲屈瑕仔细分析了敌我双方的情况，认为绞城只可智取，不可力克。他向楚王献上一条"以鱼饵钓大鱼"的计谋。他说："攻城不下，不如利而诱之。"楚王向他问诱敌之法。屈瑕建议：趁绞城被围月余，城中缺少薪柴之时，派些士兵装扮成樵夫上山打柴运回来，敌军一定会出城劫夺柴草。头几天，让他们先得一些小利，等他们麻痹大意，大批士兵出城劫夺柴草之时，先设伏兵断其后路，然后聚而歼之，乘势夺城。楚王担心绞国不会轻易上当，屈瑕说："大王放心，绞国虽小而轻燥，轻躁则少谋略。有这样香甜的钓饵，不愁它不上钩。"楚王于是依计而行，命一些士兵装扮成樵夫上山打柴。

绞侯听探子报告有挑夫进山的情况，忙问这些樵夫有无楚军保护。探子说，他们三三两两进出，并无兵士跟随。绞侯马上布置人马，待"樵夫"背着柴火出山之机，突然袭击，果然顺利得手，抓了三十多个"樵夫"，夺得不少柴草。一连几天，果然收获不小。见有利可图，绞国士兵出城劫夺柴草的越来越多。楚王见敌人已经吞下钓饵，便决定迅速逮大鱼。第六天，绞国士兵像前几天一样出城劫掠，"樵夫"们见绞军又来劫掠，吓得拼命地逃奔，绞国士兵紧紧追赶，不知不觉被引入楚军的埋伏圈内。只见伏兵四起，杀声震天，绞国士兵哪里抵挡得住，慌忙败退，又遇伏兵断了归路，死伤无数。楚王此时趁机攻城，绞侯自知中计，已无力抵抗，只得请降。楚国用"抛砖引玉"的策略，轻取绞城。

第十八计　擒贼擒王

解析

"擒贼擒王"，语出唐代诗人杜甫《前出塞》："挽弓当挽强，用箭当用长，射人先射马，擒贼先擒王。"此计用于军事，是指打垮敌军主力，擒拿敌军首领，使敌军彻底瓦解的谋略。擒贼擒王，就是捕杀敌军首领或者摧毁敌人的首脑机关，敌方陷于混乱，便于彻底击溃之。指挥员不能满足于小的胜利，要统观全局，扩大战果，以得全胜。如果错过时机，放走了敌军主力和敌方首领，就好比放虎归山，后患无穷。

唐朝安史之乱时，安禄山气焰嚣张，连连大捷，安禄山之子安庆绪派勇将尹子奇率十万劲旅进攻睢阳。御史中丞张巡驻守睢阳，见敌军来势汹汹，决定据城固守。敌兵二十余次攻城，均被击退。尹子奇见士兵已经疲惫，只得鸣金收兵。晚上，敌兵刚刚准备休息，忽听城头战鼓隆隆，喊声震天。尹子奇急令部队准备与冲出城来的唐军激战。而张巡"只打雷不下雨"，不时擂鼓，像要杀出城来，可是一直紧闭城门，没有出战。尹子奇的部队被折腾了整夜，没有得到休息，将士们疲乏已极，眼睛都睁不开，倒在地上就呼呼大睡。这时，城中一声炮响，突然之间，张巡率领守兵冲杀出来。敌兵从梦中惊醒，惊慌失措，乱作一团。张巡一鼓作气，接连斩杀五十余名敌将、五千余名士兵，敌军大乱。张巡急令部队擒拿敌军首领尹子奇，部队一直冲到敌军帅旗之下。张巡从未见过尹子奇，根本不认识，现在他又混在乱军之中，更加难以辨认。张巡心生一计，让士兵用秸秆削尖作箭，射向敌军。敌军中不少人中箭，他们以为这下完了、没有命了；但是发现，自己中的是秸秆箭，心中大喜，以为张巡军中已没有箭了。他们争先恐后向尹子奇报告这个好消息。张巡见状，立刻辨认出了敌军首领尹子奇，急令神箭手、部将南霁云向尹子奇放箭。正中尹子奇左眼，这回可是真箭！只见尹子奇鲜血淋漓，抱头鼠窜，仓皇逃命。敌军一片混乱，大败而逃。

明英宗宠幸太监王振，王振是个奸邪之徒，恃宠专权，朝廷内外，没有人不害怕他。当时，北方瓦剌逐渐强大起来，有觊觎中原的野心。王振拒绝了大臣们在瓦剌通往南方的要道上设防的建议，千方百计讨好瓦剌首领也先。1449年，也先亲自率领大军攻打大同，进犯明朝。明英宗决定御驾亲征，命王振为统帅。粮草没有准备充分，五十万大军仓促北上。一路上，又连降大雨，道路泥泞，行军缓慢。也先闻报，满心欢喜，认为这正是捉拿英宗、平定中原的大好时机。等明朝大军抵达大同的时候，也先命令大队人马向后撤退。王振认为瓦剌军是害怕明朝的大部队，畏缩而迅，于是下令追击瓦剌军。也先早已料到，已派骑兵精锐分两路从两侧包围明军。明军先锋朱瑛、先晃，遭到瓦剌军伏击，全军覆没。明英宗无可奈何，只得下令班师回京。明军撤退到土木堡，已是黄昏时分。大臣们建议，军队再前行二十里，到怀来城凭险拒守，以待援军。王振以千辆辎重未到为由，坚持在土木堡等待，也先生怕明军进驻怀来，拒城固守，所以下令急追不舍。在明军抵达土木堡的第二天，就趁势包围了土木堡。土木堡是一高地，缺乏水源。瓦剌军控制了当地唯一的水源——土木堡两侧的一条小河。明军人马断水两天，军心不稳。也先又施一计，派人送信王振，建议两军议和。王振误以为这正是突围的好时机，他急令部队往怀来城方向突围。这一下正中也先诱敌之计，明军离开土木堡不到四里地，瓦剌军从四面包围。明英宗在乱军中由几名亲兵保护，几番突围不成，终于被也先生擒。王振在仓皇逃命时，被护卫将军樊忠一锤打死。明军没有了指挥中心，溃不成军，五十万大军全军覆没。

第十九计　釜底抽薪

解 析

"釜底抽薪"用于军事，是指对强敌不可用正面作战取胜，而应该避其锋芒，削减敌人的气势，再乘机取胜的谋略。釜底抽薪的关键在于抓住主要矛盾，很多时候，一些影响战争全局的关键点恰恰是敌人的弱点。指挥员要准确判断，抓住时机，攻敌之弱点。比如粮草辎重，如能乘机夺得，敌军就会不战自乱。

典 故

东汉末年，军阀混战，袁绍乘势崛起。公元199年，袁绍率领十万大军攻打许昌。当时，曹操据守官渡（今河南中牟北），兵力只有两万多人。两军离河对峙。袁绍仗着人马众多，派兵攻打白马。曹操表面上放弃白马，命令主力开向延津渡口，摆开渡河架势。袁绍怕后方受敌，迅速率主力西进，阻挡曹军渡河。谁知曹操虚晃一枪之后，突派精锐回袭白马，斩杀颜良，初战告捷。

由于两军相持了很长时间，双方粮草供给成了关键。袁绍从河北调集了一万多车粮草，屯集在大本营以北四十里的乌巢。曹操探听乌巢并无重兵防守，决定偷袭乌巢，断其供应。曹操亲自率五千精兵打着袁绍的旗号，衔枚疾走，夜袭乌巢。乌巢袁军还没有弄清真相，曹军已经包围了粮仓。一把大火点燃，顿时浓烟四起。曹军乘势消灭了守粮袁军，袁军的一万车粮草顿时化为灰烬。袁绍大军闻讯，惊恐万状，供应断绝，军心浮动，袁绍一时没了主意。曹操此时发动全线进攻，袁军士兵已丧失战斗力，十万大军四散溃逃。袁军大败，袁绍带领八百亲兵艰难地杀出重围，回到河北，从此一蹶不振。

 又一例

公元前154年，吴王刘濞野心勃勃，他串通楚汉等七个诸侯国，联合发兵叛乱。他们首先攻打忠于汉朝的梁国。汉景帝派周亚夫率三十万大军平叛。这时，梁国派人向朝廷求援，说刘濞大军攻打梁国，我们已损失数万人马，已经抵挡不住了，请朝廷急速发兵救援。汉景帝命令周亚夫发兵去梁国解危。周亚夫说，刘濞率领的吴楚大军，素来强悍，如今士气正旺。我与他们正面交锋，一下恐怕难以取胜。汉景帝问周亚夫准备用什么计谋击退敌军。周亚夫说，他们出兵征讨，粮草供应特别困难，我们如能断其粮道，敌军定会不战自退。

荥阳是扼守东西二路的要冲，必须抢先控制。周亚夫派重兵控制荥阳后，分两路袭击敌军后方：派一支军队袭击吴、楚供应线，断其粮道；自己则亲自率领大军，袭击敌军后方重镇冒邑。

周亚夫占据冒邑，下令加固营寨，准备坚守。刘濞闻报大惊，想不到周亚夫根本不与自己正面交锋，却迅速抄了自己的后路。他立即下令部队迅速往冒邑前进，攻下冒邑，打通粮道。刘濞数十万大军气势汹汹，扑向冒邑。周亚夫避其锋芒，坚守城池，拒不出战。敌军数次攻城，都被城上的乱箭射回。刘濞无计可施，数十万大军驻扎城外，粮草已经断绝。双方对峙了几天，周亚夫见敌军已数天饥饿，士气衰弱，已经毫无战斗力了。他见时机已到，调集部队，突然发起猛攻。精疲力竭、软弱无力的叛军不战自乱。叛军大败，刘濞落荒而逃，在东越被杀。

第二十计　浑水摸鱼

局面混乱不定，一定存在着多种互相冲突的力量，那些弱小的力量这时都在考虑，到底要依靠哪一边，一时难以确定。这个时候，己方就要乘机把水搅浑，顺手得利。古代兵书《六韬》中列举了敌军的衰弱症状：全军多次受惊，兵士军心不稳，发牢骚，说泄气话，传递小道消息，谣言不断，不怕法令，不尊重将领……这时，可以说是水已浑了。就应该乘机捞鱼，取得胜利。运用此计的关键是指挥员一定要正确分析形势，发挥主观能动性，千方百计把水搅浑，主动权就牢牢掌握在自己的手中了。在复杂的战争中，弱小的一方经常会动摇不定，这里就有了可乘之机。更多的时候，这个可乘之机不能只靠等待，而应主动去制造这种可乘之机。

典　故

唐朝开元年间，契丹叛乱，多次侵犯唐朝。朝廷派张守珪为幽州节度使，平定契丹之乱。契丹大将可突干几次攻幽州，未能攻下。可突干想探听唐军虚实，派使者到幽州，假意表示愿意重新归顺朝廷，永不进犯。张守珪知道契丹势力正旺，主动求和，必定有诈。他将计就计，客气地接待了来使。第二天，他派王悔代表朝廷到可突干营中宣抚，并命王悔一定要探明契丹内部的底细。王悔在契丹营中受到热情接待，他在招待酒宴上仔细观察契丹众将的一举一动。他发现，契丹全将在对朝廷的态度上并不一致。他又从一个小兵口中探听到分掌兵权的李过折一向与可突干有矛盾，两人貌合神离，互不服气。王悔特意去拜访李过折，装作不了解他和可突干之间的矛盾，当着李过折的面，假意大肆夸奖可突干的才干。李过折听罢，怒火中烧，说可突干主张反唐，使契丹陷于战乱，人民十分怨恨。并告诉王悔，契丹这次求和完全是假意，可突干已向突厥借兵，不日就要攻打幽州。王悔乘机劝说李过折，唐军势力浩大，可突干肯定失败；李过折如脱离可突干，建功立业，朝廷保证一定会重用他。李过折果然心动，表示愿意归顺朝廷。王悔任务完成，立即辞别契丹王返回幽州。第二天晚上，李过折率领本部人马，突袭可突干的中军大帐。可突干毫无防备，被李过折斩于营中，这一下，契丹营大乱。忠于可突干的大将倪礼召集人马，与李过折展开激战，杀了李过折。张守珪探得消息，立即亲率人马赶来接应李过折的部从。唐军火速冲入契丹军营，契丹军内正在火拼，混乱不堪。张守珪乘势发动猛攻，生擒倪礼，大破契丹军。从此，契丹叛乱被平息。

第二十一计　金蝉脱壳

解析

　　"金蝉脱壳"用于军事，是指通过伪装摆脱敌人，撤退或转移，以实现我方的战略目标的谋略。稳住对方，撤退或转移，决不是惊慌失措，消极逃跑；而是一种分身术，要巧妙地暗中调走精锐部队去袭击别处的敌人。但这种调动要神不知、鬼不觉，极其隐蔽。因此，一定要把假象造得有逼真的效果。转移时，依然要旗帜招展，战鼓隆隆，好像仍然保持着原来的阵势，这样可以使敌军不敢动，友军不怀疑。脱逃时不会被发现；等被发觉时，敌对势力已经鞭长莫及了。

典故

三国时期，诸葛亮六出祁山，北伐中原，但一直未能成功，终于在第六次北伐时，积劳成疾，在五丈原病死于军中。为了不使蜀军在退回汉中的路上遭受损失，诸葛亮在临终前向姜维密授退兵之计。姜维遵照诸葛亮的吩咐，在诸葛亮死后，秘不发丧，对外严密封锁消息。姜维带着灵柩，秘密率部撤退。司马懿派部队跟踪追击蜀军。姜维命工匠仿诸葛亮模样，雕了一个木人，羽扇纶巾，稳坐车中。并派杨仪率领部分人马大张旗鼓，向魏军发动进攻。魏军远望蜀军，军容整齐，旗鼓大张，又见诸葛亮稳坐车中，指挥若定，不知蜀军又要什么花招，不敢轻举妄动。司马懿一向知道诸葛亮"诡计多端"，又怀疑此次退兵乃是诱敌之计，于是命令部队后撤，观察蜀军动向。姜维趁司马懿退兵的大好时机，马上指挥主力部队，迅速安全转移，撤回汉中。等司马懿得知诸葛亮已死，再进兵追击，为时已晚。

又一例

宋朝开禧年间，金兵屡犯中原。宋将毕再遇与金军对垒，打了几次胜仗。金兵又调集数万精锐骑兵，要与宋军决战。此时，宋军只有几千人马，如果与金军决战，必败无疑。毕再遇为了保存实力，准备暂时撤退。金军已经兵临城下，如果知道宋军撤退，肯定会追杀。那样，宋军损失一定惨重。毕再遇苦苦思索如何蒙蔽金兵，转移部队。这对，只听帐外马蹄声响，毕再遇受到启发，计上心来。

毕再遇暗中做好撤退部署，当天半夜时分，下令兵士擂响战鼓，金军听见鼓响，以为宋军趁夜劫营，急忙集合部队，准备迎战。哪知只听见宋营战鼓隆隆，却不见一个宋兵出城。宋军连续不断地击鼓，搅得金兵整夜不得休息。金军的头领似有所悟：原来宋军采用疲兵之计，用战鼓搅得我们不得安宁。好吧，你擂你的鼓，我再也不会上你的当。宋营的鼓声连续响了两天两夜，金兵根本不予理会。到了第三天，金兵发现，宋营的鼓声逐渐微弱，金军首领断定宋军已经疲惫，就派军分几路包抄，小心翼翼靠近宋营，见宋营毫无反应。金军首领一声令下，金兵蜂拥而上，冲进宋营，这才发现宋军已经全部安全撤离了。

原来毕再遇使了"金蝉脱壳"之计。他命令兵士将数十只羊的后腿捆好绑在树上，使倒悬的羊的前腿拼命蹬踢，又在羊腿下放了几十面鼓，羊腿拼命蹬踢，鼓声隆隆不断。毕再遇用"悬羊击鼓"的计策迷惑了敌军，利用两天的时间安全转移了。

第二十二计　关门捉贼

解析

"关门捉贼"，是指对弱小的敌军要采取四面包围、聚而歼之的谋略。如果让敌人得以脱逃，情况就会十分复杂，而穷追不舍，一怕它拼命反扑，二怕中敌诱兵之计。这里所说的"贼"，是指那些善于偷袭的小部队，它的特点是行动诡秘、出没不定、行踪难测；它的数量不多，破坏性却很大，常会乘我方不备，侵扰我军。所以，对这种"贼"，不可放其逃跑，而要断他的后路、聚而歼之。当然，此计运用得好，决不只限于消灭"小贼"，甚至可以围歼敌主力部队。

典故

战国后期，秦国攻打赵国。秦军在长平（今山西高平北）受阻。长平守将是赵国名将廉颇，他见秦军势力强大，不能硬拼，便命令部队坚壁固守，不与秦军交战。两军相持四个多月，秦军仍拿不下长平。秦王采纳了范雎的建议，用离间法让赵王怀疑廉颇，赵王中计，调回廉颇，派赵括为将到长平与秦军作战。赵括到长平后，完全改变了廉颇坚守不战的策略，主张与秦军对面决战。秦将白起故意让赵括尝到一点甜头，使赵括的军队取得了几次小胜。赵括果然得意忘形，派人到秦营下战书。这下正中白起的下怀。他分兵几路，指挥形成对赵括军的包围圈。

第二天，赵括亲率四十万大军，来与秦兵决战。秦军与赵军几次交战，都打输了。赵括志得意满，哪里知道敌人用的是诱敌之计。他率领大军追赶被打败了的秦军，一直追到秦壁。秦军坚守不出，赵括一连数日也攻克不了，只得退兵。这时突然得到消息：自己的后营已被秦军攻占，粮道也被秦军截断。秦军已把赵军全部包围起来。一连四十六天，赵军绝粮，士兵杀人相食，赵括只得拼命突围。白起已严密部署，多次击退企图突围的赵军。最后，赵括中箭身亡，赵军大乱，四十万大军都被秦军杀戮。赵括只会"纸上谈兵"，在真正的战场上，一下子就中了敌军"关门捉贼"之计，损失四十万大军，赵国从此一蹶不振。

又一例

公元880年，黄巢率领起义军攻克唐朝都城长安。唐僖宗仓皇逃到四川成都，纠集残部，并请沙陀李克用出兵攻打黄巢的起义军。第二年，唐军部署已完成，出兵企图收复长安。凤翔一战，义军将领尚让中敌埋伏之计，被唐军击败。这时，唐军声势浩大，乘胜进兵，直逼长安。

黄巢见形势危急，召众将商议对策。众将分析了敌众我寡的形势，认为不宜硬拼。黄巢当即决定：部队全部退出长安，往东开拔。

唐朝大军抵达长安，不见黄巢迎战，十分诧异。先锋程宗楚下令攻城，气势汹汹杀进长安城内，才发现黄巢的部队已全部撤走。唐军毫不费力地占领了长安，众将欣喜若狂，纵容士兵抢劫百姓财物。士兵们见起义军败退，纪律松弛，整日三五成群骚扰百姓，长安城内一片混乱。唐军将领也被胜利冲昏了头脑，整日饮酒作乐，欢庆胜利。

黄巢派人打听到城中的情况，高兴地说：敌人已入瓮中。当天半夜时分，急令部队迅速回师长安。唐军沉浸在胜利的喜悦中呼呼大睡。突然，神兵天降，起义军以迅雷不及掩耳之势冲进长安城内，杀得毫无戒备的唐军尸横遍地。程宗楚从梦中醒来，只见起义军已冲杀进城，唐军大乱，无法指挥，最后他在乱军中被杀。黄巢用"关门捉贼"之计，重新占据长安。

第二十三计　远交近攻

解析

"远交近攻"的谋略，不只是军事上的谋略，它实际上更多指总司令部甚至国家最高领导者采取的政治战略。大棒和橄榄枝，相互配合运用。

其实，从长远看，所谓远交，也绝不可能是长期和好。消灭近邻之后，远交之国也就成了近邻，新一轮的征伐也是不可避免的。远交近攻，是分化瓦解敌方联盟，各个击破，结交远离自己的国家而先攻打邻国的战略性谋略。

 典故

春秋初期，周天子的地位实际上已经架空，群雄并起，逐鹿中原。郑庄公在此混乱局势下，巧妙地运用"远交近攻"的策略，夺得了当时的霸主之位。

当时，郑国近邻的宋国、卫国，两国与郑国积怨很深，矛盾十分尖锐，郑国时刻都有被两国夹击的危险。郑国在外交上采取主动，接连与邾、鲁等国结盟，不久又与实力强大的齐国在石门签订盟约。

公元前719年，宋卫联合陈、蔡两国共同攻打郑国，鲁国也派兵助战，将郑国东门围困了五天五夜。虽未攻下，郑国已感到本国与鲁国的关系还存在问题，便千方百计想与鲁国重新修好，共同对付宋、卫。

公元前717年，郑国以帮邾国雪耻为名，攻打宋国。同时，向鲁国积极发动外交攻势，主动派使臣到鲁国，商议把郑国在鲁国境内的访枋交归鲁国。果然，鲁国与郑重修旧谊。齐国当时出面调停郑国和宋国的关系，郑庄公表示尊重齐国的意见，暂时与宋国修好，齐国因此也对郑国加深了感情。

公元前714年，郑庄公以宋国不朝拜周天子为由，代周天子发令攻打宋国。郑、齐、鲁三国大军很快地攻占了宋国大片土地。宋、卫军队避开联军锋芒，乘虚攻入郑国。郑庄公把占领宋国的土地全部送与齐、鲁两国，迅速回兵，大败宋、卫大军。郑国乘胜追击，击败宋国，卫国被迫求和。郑庄公势力扩张，霸主地位形成。

战国末期，七雄争霸。秦国经商鞅变法之后，势力发展最快。秦昭王开始图谋吞并六国，独霸中原。公元前270年，秦昭王准备兴兵伐齐。范雎此时向秦昭王献上"远交近攻"之策，阻秦国攻齐。他说：齐国势力强大，离秦国又很远，攻打齐国，部队要经过韩、魏两国。军队派少了，难以取胜；多派军队，打胜了也无法占有齐国土地。不如先攻打邻国韩、魏，逐步推进。为了防止齐国与韩、魏结盟，秦昭王派使者主动与齐国结盟。其后四十余年，秦始皇继续坚持"远交近攻"之策，远交齐、楚，首先攻下韩、魏，然后又从两翼进兵，攻破赵、燕，统一北方；攻破楚国，平定南方；最后把齐国也收拾了。秦始皇征战十年，终于实现了统一中国的愿望。

第二十四计 假道伐虢

解 析

假道，是借路的意思。伐，是攻占的意思。虢，是春秋时的一个小国。

处在敌我两大国中间的小国，当受到敌方武力胁迫时，某方常以出兵援助的姿态把力量渗透进去。当然，对处在夹缝中的小国，只用甜言蜜语是不会取得它的信任的，一方往往以"保护"为名，迅速进军，控制其局势，使其丧失自主权。再乘机突然袭击，就可轻而易举地取得胜利。此计的关键在于"假道"。善于寻找"假道"的借口，善于隐蔽"假道"的真正意图，突出奇兵，往往可以取胜。

典 故

春秋时期，晋国想吞并邻近的两个小国：虞和虢，这两个国家之间关系不错。晋如袭虞，虢会出兵救援；晋若攻虢，虞也会出兵相助。大臣荀息向晋献公献上一计。他说，要想攻占这两个国家，必须要离间他们，使他们互不支持。虞国的国君贪得无厌，我们正可以投其所好。荀息建议晋献公拿出心爱的两件宝物——屈产良马和垂棘之璧，送给虞公。献公哪里舍得？荀息说：大王放心，只不过让他暂时保管罢了，等灭了虞国，一切不都又回到你的手中了吗？献公依计而行。虞公得到了良马美璧，高兴得嘴都合不拢。

晋国故意在晋、虢边境制造事端，找到了伐虢的借口。晋国要求虞国借道让晋国伐虢，虞公得了晋的好处，只得答应。虞国大臣宫子奇再三劝说虞公，说这件事办不得的。虞虢两国，唇齿相依，虢国一亡，唇亡齿寒，晋国是不会放过虞国的。虞公却说，交一个弱朋友去得罪一个强有力的朋友，那才是傻瓜！

晋军通过虞国道路，攻打虢国，很快就取得了胜利。班师回国时，把劫夺的财产分了许多送给虞公。虞公更是大喜过望。晋军大将里克借"病"称不能带兵回国，暂时把部队驻扎在虞国京城附近。虞公毫不怀疑。几天之后，晋献公亲率大军前去，虞公出城相迎。献公约虞公前去打猎。不一会儿，只见京城中起火。虞公赶到城外时，京城已被晋军里应外合强占了。就这样，晋国又轻而易举地灭了虞国。

东周初期，各诸侯国都乘机扩张势力。楚文王时期，楚国势力日益强大，汉江以东小国纷纷向楚国称臣纳贡。当时有个小国叫蔡国，仗着和楚国联姻，认为有个靠山，就不买楚国的账，楚文王怀恨在心，一直在寻找灭蔡的时机。

蔡国和另一小国息国关系很好，蔡侯、息侯都是娶的陈国女人，经常往来。但是，有一次息侯的夫人路过蔡国，蔡侯没有以上宾之礼款待，气得息侯夫人回国之后，大骂蔡侯，息侯对蔡侯有一肚子怨气。

楚文王听到这个消息，非常高兴，认为灭蔡的时机已到。他派人与息侯联系，息侯想借刀杀人，于是向楚文王献上一计：让楚国假意伐息，他就向蔡侯求救，蔡侯肯定会发兵救息。这样，楚、息合兵，蔡国必败。楚文王一听，何乐而不为？他立即调兵，假意攻息。蔡侯得到息国求援的请求，马上发兵救息。可是兵到息国城下，息侯竟紧闭城门，蔡侯急欲退兵，楚军已借道息国，把蔡国围困起来，终于俘虏了蔡侯。

蔡侯被俘之后，痛恨息侯，对楚文王说：息侯的夫人息妫是一个绝代佳人——他这话是刺激好色的楚文王。楚文王击败蔡国之后，以巡视为名率兵到了息国都城。息侯亲自迎接，设盛宴为楚王庆功。楚文王在宴会上，趁着酒兴说："我帮你击败了蔡国，你怎么不让夫人敬我一杯酒呀？"息侯只得放夫人息妫出来向楚文王敬酒。楚文王一见息妫，果然天姿国色，马上魂不附体，决定一定要据为己有。第二天，他举行答谢宴会，早已布置好伏兵，席间将息侯绑架，轻而易举地灭了息国。

息侯害人害己，他主动借道给楚国，让楚国灭蔡，给自己报了私仇；不料，楚国竟不丢一兵一卒，顺手将息国消灭。

第二十五计　偷梁换柱

解　析

　　古代作战，双方要摆开阵式。列阵都要按东、西、南、北方位部署。阵中有"天横"，首尾相对，是阵的大梁；"地轴"在阵中央，是阵的支枕。梁和柱的位置都是部署主力部队的地方。因此，观察敌阵，就能发现敌军的主力的位置。如果与友军联合作战，应设法多次变动友军的阵容，暗中更换它的主力，派自己的部队去代替它的梁柱，这样一定使它的阵地无法由它自己控制，这时，便可立即吞并友军的部队。此计本意是乘友军作战不利，借机兼并他的主力为己方所用。此计中包含尔虞我诈、乘机控制别人的权术，所以也往往用于政治谋略和外交谋略。

典　故

　　秦始皇称帝后自以为身体还不错，一直没有去立太子、指定接班人。宫廷内，存在两个实力强大的政治集团：一个是长子扶苏、蒙恬集团，一个是幼子胡亥、赵高集团。扶苏恭顺好仁，为人正派，在全国有很高的声誉。秦始皇本意欲立扶苏为太子，为了锻炼他，派他到著名将领蒙恬驻守的北线为监军。幼子胡亥，早被娇宠坏了，在宦官赵高的教唆下，只知吃喝玩乐。

　　公元前210年，秦始皇第五次南巡，到达平原津（今山东平原县附近）时，突然一病不起。此时，秦始皇也知道自己命不久矣；于是，连忙召丞相李斯，要李斯传达密诏，立扶苏为太子。当时掌管玉玺和起草诏书的是宦官赵高。赵高早有野心，看准了这是一次难得的机会，故意扣压密诏，等待时机。

几天后，秦始皇在沙丘平召（今河北广宗县境）驾崩。李斯怕太子回来之前政局动荡，所以秘不发丧。赵高特此去找李斯，告诉他，皇上赐给扶苏的信，还扣在我这里。现在，立谁为太子，我和你就可以决定。狡猾的赵高又对李斯讲明利害，说，如果扶苏做了皇帝，一定会重用蒙恬，到那个时候，宰相的位置你能坐得稳吗？一席话，说得李斯果然心动。于是二人合谋，制造假诏书，赐死扶苏，杀了蒙恬。

赵高未用一兵一卒，只用偷梁换柱的手段，就把昏庸无能的胡亥扶为皇帝，为自己今后的专权打下了基础，也为秦朝的灭亡埋下了祸根。

又一例

吕后杀韩信，历史众说纷纭。历史上的是非功过，不是一下子能说得清楚的。这里并不想做什么评价，仅用此例，再次说明"偷梁换柱"的计谋在历史上也往往发挥政治权术的作用。

楚汉相争，以刘邦大胜，建立汉朝为结局。这时，各异姓王拥兵自重，是对刘氏天下潜在的威胁。翦灭异姓诸王，是刘邦日夜考虑的大事。异姓诸王中，韩信势力最大。刘邦借口韩信袒护一叛将为由，把他由楚王贬为淮阴侯，调到京城居住，实际上有点"软禁"的意思。韩信功高盖世，忠于刘邦。当年楚汉相争，战斗激烈之时，谋士蒯彻曾建议韩信与刘邦"分手"，使天下三分。韩信拒绝了蒯彻的建议，辅佐刘邦夺得天下。而今却落得这样的下场，心中怨恨至极。

公元前200年，刘邦派陈豨为代相，统率边兵，对付匈奴。韩信私下里会见陈豨，以自己的遭遇为例，警告陈豨：你虽然拥有重兵，但并不安全，刘邦不会一直信任你，不如乘此机会，带兵反汉，我在京城里接应你。两个人秘密地商量好，决定伺机起事。

公元前197年，陈豨在代郡反汉，自立为代王。刘邦领兵亲自声讨陈豨。韩信与陈豨约定，起事后他在京城诈称奉刘邦密诏，袭击吕后及太子，两面夹击刘邦。可是，韩信的计谋被吕后得知。吕后与丞相陈平设下一计，对付韩信。

吕后派人在京城散布"消息"：陈豨已死，皇上得胜，即将凯旋。韩信听到这个消息，又没有见到陈豨派人来联系，心中甚为恐慌。一天，丞相陈平亲自到韩信家中，谎称陈豨已死，叛乱已定，皇上已班师回朝，文武百官都要入朝庆贺，请韩信立即进宫。韩信本来心虚，只得与陈平同车进宫。结果韩信被逮住，囚系在长乐宫之钟室。半夜时分，韩信被杀——后世称"未央宫斩韩信"。盖世英名的韩信至死也不知道，陈豨已死的消息完全是谎言。陈豨叛乱，是在韩信死了两年之后才平定的。

第二十六计　指桑骂槐

解析

"指桑骂槐"的本意是指间接地训诫部下，以使其敬服的谋略。此计还引申为运用各种政治和外交谋略，"指桑"而"骂槐"，向对手施加舆论压力以配合军事行动。对于弱小的对手，可以用警告和利诱的方法，不战而胜；对于比较强大的对手，则可以旁敲侧击威慑他。

典 故

春秋时期，吴王阖闾看了大军事家孙武的著作《孙子兵法》，非常佩服，立即召见孙武。吴王说："你的兵法，真是精妙绝伦，但不知实效如何？不如用后宫嫔妃们一试？"于是，令众美女到校军场集合。

众美女一到校军场上，只见旌旗招展，战鼓排列，煞是好看。她们嘻嘻哈哈，东瞅西瞧，漫不经心。孙武下令180名美女编成两队，并命令吴王的两个爱姬当队长。两个爱姬哪里做过带兵的官儿，只是觉得好笑好玩。好不容易，才把这些美女们排成两列。

孙武十分耐心地、认真细致地对这些美女们讲解操练要领。交代完毕后命人在校军场上摆下刑具。然后威严地说："练兵可不是儿戏！你们一定要听从命令，不得马马虎虎，嬉笑打闹。如果谁违犯军令，一律按军法处置！"

美女们以为大家是来做游戏的，不想碰见这么个一脸正经的人！这时，孙武命令擂起战鼓，开始操练。孙武发令："全体向右转！"美女们一个也没有动，反而起哄。孙武并不生气，说道："本将军没有把动作要领交代清楚，这是我的错！"于是他又一次详细地讲述了动作要领，并问道："大家听明白了没有？"众美女齐声回答："听明白了！"鼓声再起，孙武发令："全体向左转！"美女们还是没转，笑得比上次更加厉害了。吴王见此情景，也觉得有趣，心想：你孙武再大的本领，也无法让这些美女们听你的调动。

孙武沉下脸来，说道："动作要领没有交代清楚，是将军的过错；交代清楚了，而士兵不服从命令，就是士兵的过错了。按军法，违犯军令者斩；队长带队不力，应先受罚。来人，将两个队长推出去斩首！"吴王一听，慌了手脚，急忙派人对孙武说："将军确实善于用兵，军令严明，吴王十分佩服。这次，请放过两个爱姬。"孙武回答道："将在外，君令有所不受。吴王既然要我演习兵阵，我一定要按军法规定来操练。"于是，两名爱姬被斩首示众，吓得众美女魂飞魄散。孙武命令继续操练，他命令排头两名美女继任队长，全场鸦雀无声。

鼓声第三次响起，众美女均按规定动作，一丝不苟地顺利完成了操练任务。

吴王见孙武斩了自己的爱姬，心中不悦，但仍然佩服孙武治兵的才能。后来以孙武为将，终使吴国挤进强国之列。

第二十七计　假痴不癫

解析

"假痴不癫"，重点在一个"假"字。这里的"假"，意思是伪装。装聋作哑，痴痴呆呆，而内心里却特别清醒。此计作为政治谋略和军事谋略，都算高招。

此计用在军事上，指的是，虽然自己具有相当强大的实力，但故意不露锋芒，显得软弱可欺，用以麻痹敌人，骄纵敌人，然后伺机给敌人以措手不及的打击。

用于政治谋略，就是韬晦之术，在形势不利于自己的时候，表面上装疯卖傻，给人以碌碌无为的印象，隐藏自己的才能，掩盖内心的政治抱负，以免引起政敌的警觉，专一等待时机，实现自己的抱负。

典故

三国时期，刘备早已有夺取天下的抱负，只是当时力量太弱，根本无法与曹操抗衡，而且还处在曹操控制之下。刘备装作每日只是饮酒种菜，不问世事。一日，曹操请他喝酒。席上，曹操问刘备谁是天下的英雄，刘备列了几个名字，都被曹操否定了。忽然，曹操说道："天下的英雄，只有我和你两个人！"一句话说得刘备惊慌失措，生怕曹操了解自己的政治抱负，吓得手中的筷子掉在地下。幸好此时一阵炸雷，刘备急忙遮掩，说自己被雷声吓掉了筷子。曹操见状，大笑不止，认为刘备连打雷都害怕，成不了大事，对刘备放松了警觉。后来，刘备摆脱了曹操的控制，终于在中国历史上干出了一番事业。

又一例

秦朝末年，匈奴内部政权变动，人心不稳。邻近一个强大的民族东胡，借机向匈奴勒索。东胡存心挑衅，要匈奴献上国宝千里马。匈奴的将领们都说东胡欺人太甚，国宝绝不能轻易送给他们。匈奴单于冒顿却决定："给他们吧！不能因为一匹马与邻国失和嘛。"匈奴的将领们都不服气，冒顿却若无其事。东胡见匈奴软弱可欺，便向冒顿要一名妻妾。众将见东胡得寸进尺，个个义愤填膺，冒顿却说："给他们吧，不能因为舍不得一个女子与邻国失和嘛！"东胡不费吹灰之力，连连得手；并料定匈奴软弱，不堪一击，根本不把匈奴放在眼里。这正是冒顿单于求之不得的。不久之后，东胡看中了与匈奴交界处的一片茫茫荒原，这荒原属于匈奴的领土。东胡派使臣去匈奴，要匈奴以此地相赠。匈奴众将认为冒顿一再忍让，这荒原又是杳无人烟之地，恐怕只得答应割让了。谁知冒顿此次突然说道："千里荒原，杳无人烟，但也是我匈奴的国土，怎可随便让人？"于是，下令集合部队，进攻东胡。匈奴将士受够了东胡的气，这一下，人人奋勇争先，锐不可当。东胡做梦也没想到那个痴愚的冒顿会突然发兵攻打自己，所以毫无准备。仓促应战，哪里是匈奴的对手。战争的结局自然是东胡被灭，东胡王被杀于乱军之中。

第二十八计　上屋抽梯

解析

"上屋抽梯"用在军事上，是指利用小利引诱敌人，然后截断敌人的援兵，以便将敌围歼的谋略。这种诱敌之计，自有其高明之处。敌人一般不是那么容易上当的，所以，应该先给它安放好"梯子"，也就是故意给以方便。等敌人"上楼"后，也就是进入已布好的"口袋"之后，即可撤掉"梯子"，围歼敌人。

典故

秦朝灭亡之后，各路诸侯逐鹿中原。到后来，只有项羽和刘邦的势力最为强大。其他诸侯，有的被消灭，有的急忙寻找靠山。赵王歇在巨鹿之战中，看到了项羽是个了不得的英雄，所以，心中十分佩服，在楚汉相争时期，当然投靠了项羽。

刘邦为了削弱项王的力量，命令韩信、张耳率两万精兵攻打赵王歇。赵王歇听到消息之后，呵呵一笑，心想，自己有项羽做靠山，又控制有二十万人马，何惧韩信、张耳。

赵王歇亲自率领二十万大军驻守井陉，准备迎敌。韩信、张耳的部队也向井陉进发，他们在离井陉三十里外安营扎寨，两军对峙，一场大战即将开始。

韩信分析了两边的兵力，敌军人数比自己的多上十倍，硬拼攻城，恐怕不是对方的敌手；如果久拖不决，我军又经不起消耗。经过反复思考，他定下了一条妙计。韩信召集将军们在营中部署，命一将领率两千精兵到山谷树林隐蔽之处埋伏起来，等到我军与赵军开战后，我军佯败逃跑，赵军肯定倾巢出动，追击我军。这时，你们迅速杀入敌营，插上我军的军旗。他又命令张耳率军一万，在绵延河东岸，摆下背水一战的阵式。自己亲率八千人马正面佯攻。

第二天天刚亮，只听见韩信营中的战鼓隆隆，韩信亲率大军向井陉杀来：赵军主帅陈余早有准备，立即下令出击。两军杀得个昏天黑地。韩信早已部署好了，此时一声令下，部队立即佯装败退，并且故意遗留下大量的武器及军用物资。陈余见韩信败逃，大笑道："区区韩信，怎是我的对手？"他下令追击，一定要全歼韩信的部队。

韩信带着败退的队伍撤到绵延河边，与张耳的部队合为一股。韩信对士兵们进行动员："前边是滔滔河水，后面是几十万追击的敌军，我们已经没有退路，只能背水一战，击溃追兵。"士兵们知道已无退路，个个奋勇争先，要与赵军拼个你死我活。

韩信、张耳突然率军杀了回来，陈余完全没有料到，他的部队认为以多胜少，胜利在握，斗志已不很旺盛，加上韩信故意在路上遗留了大量军用物资，士兵们你争我夺，一片混乱。

锐不可当的汉军奋勇冲进敌阵，只杀得赵军丢盔弃甲，一片狼藉。正是"兵败如山倒"，陈余下令马上收兵回营，准备修整之后，再与汉军作战。当他们退到自己大营前面时，只见大营那边飞过无数箭来，射向赵军。陈余在慌乱中，才注意到营中已插遍汉军军旗。赵军惊魂未定，营中汉军已经冲杀出，与韩信、张耳从两边夹击赵军。张耳一刀将陈余斩于马下，赵王歇也被汉军生擒，赵军二十万人马全军覆没。

后汉末年，刘表偏爱少子刘琦，不喜欢长子刘琮。刘琮的母后害怕刘琦得势，影响到儿子刘琮的地位，非常嫉恨他。刘琦感到自己处在十分危险的环境中，多次请教诸葛亮，但诸葛亮一直不肯为他出主意。有一天，刘琦约诸葛亮到一座高楼上饮酒，等二人正坐下饮酒之时，刘琦暗中派人拆走了楼梯。刘琦说："今日上不至天，下不至地，出君之口，入琦之耳，可以赐教矣。"诸葛亮见状，无可奈何，便给他讲了一个故事。

春秋时期，晋献公的妃子骊姬想谋害晋献公的两个儿子：申生和重耳。重耳知道骊姬居心险恶，只得逃亡国外。申生为人厚道，要尽孝心，侍奉父王。一日，申生派人给父王送去一些好吃的东西，骊姬乘机用有毒的食品将太子送来的食品更换了。晋献公哪里知道，准备去吃，骊姬故意说道，这膳食从外面送来，最好让人先尝尝看。于是命左右侍从尝一尝，刚尝了一点，侍从就倒地而死。晋献公大怒，大骂申生不孝，阴谋杀父夺位，决定要杀申生。申生闻讯，也不作申辩，自刎身亡。诸葛亮对刘琦说："申生在内而亡，重耳在外而安。"刘琦马上领会了诸葛亮的意图，立即上表请求派往江夏（令湖北武昌西），避开了后母，终于免遭陷害。

第二十九计　树上开花

 解 析

　　战场上情况复杂，瞬息万变，指挥官很容易被假象迷惑。所以，善于布置假情况，巧布迷魂阵，虚张声势，可以慑服甚至击败敌人。此计用在军事上，指的是：自己的力量比较小，却可以借友军势力或借某种因素制造假象，使自己的阵营显得强大，也就是说，在战争中要善于借助各种因素来为自己壮大声势。

解 析 典 故

　　无人不知，张飞是一员猛将；同时，他也是一个有勇有谋的大将。刘备起兵之初，与曹操交战，多次失利。刘表死后，刘备在荆州，势孤力弱。这时，曹操领兵南下，直达宛城，刘备荒忙率荆州军民退守江陵。由于老百姓跟着撤退的人太多，所以撤退的速度非常慢。曹兵追到当阳，与刘备的部队打了一仗，刘备败退，他的妻子和儿子都在乱军中被冲散了。刘备只得狼狈败退，令张飞断后，阻截追兵。张飞只有二三十个骑兵，怎敌得过曹操的大队人马？张飞临危不惧，临阵不慌，心生一计。他命令所率的二三十名骑兵都到树林子里去，砍下树枝，绑在马后，然后骑马在林中飞跑打转。张飞一人骑着黑马，横着丈二长矛，威风凛凛地站在长坂坡的桥上。追兵赶到，见张飞独自骑马横矛站在桥中，好生奇怪，又看见桥东树林里尘土飞扬。追击的曹兵马上停止前进，以为树林之中有伏兵。

张飞只带二三十名骑兵，阻止住了追击的曹兵，让刘备和荆州军民顺利撤退，靠的就是这"树上开花"之计。

又一例

战国中期，著名军事家乐毅率领燕国大军攻打齐国，接连攻下七十余城，齐国只剩下莒城和即墨这两座城了。乐毅乘胜追击，围困莒城和即墨。齐国拼死抵抗，燕军久攻不下。

这时，有人在燕昭王面前说："乐毅不是燕国人，当然不会真心为燕国，不然，两座城怎么会久攻不下呢？恐怕他是想自己当齐王吧。"燕昭王倒不怀疑。可是燕昭王去世后，继位的惠王马上用自己的亲信（名叫骑劫的大臣）取代了乐毅。乐毅知道于己不利，只得逃回赵国老家。

齐国守将是非常有名的军事家田单，他深知骑劫根本不是将才，虽然燕军强大，只要计谋得当，一定可以击败。

田单首先利用两国的士兵都具有迷信心理，他要求齐国军民每天饭前要拿食物到门前空地上祭祀祖先。这样，成群的乌鸦、麻雀结伙地赶来争食。城外燕军一看，觉得奇怪：原来听说齐国有神师相助，现在真的连飞鸟每天都定时朝拜。弄得人心惶惶，非常害怕。

田单的第二手，是让骑劫本人上当。田单派人放风，说乐毅过于仁慈，导致谁也不怕他。如果燕军割下齐军俘虏的鼻子，齐人肯定会吓破胆。骑劫觉得有道理，果然下令割下俘虏的鼻子，挖了城外齐人的坟墓，这样残暴的行为激起了齐国军民的义愤。

田单的第三手，是派人送信，大夸骑劫治军的才能，表示愿意投降。一边还派人装成富户，带着财宝偷偷出城投降燕军。骑劫确信齐国已无作

边玩边学历史

战能力了，只等田单开城投降。

田单最绝的一招是：齐军人数太少，即使进攻，也难取胜。于是他把城中的一千多头牛集中起来，在牛角上绑上尖刀，牛身上披上画有五颜六色、稀奇古怪图案的红色衣服，牛尾巴上绑上一大把浸了油的麻苇。另外，选了五千名精壮士兵，穿上五色花衣，脸上绘的五颜六色，手持兵器，命他们跟在牛的后面。

这天晚上，田单命令把牛从新挖的城塘洞中放出，点燃麻苇，牛又惊又躁，直冲燕国军营。燕军根本没有防备，再说，这火牛阵势，谁也没有见过，一个个吓得魂飞天外，哪里能够还手。齐军五千勇士接着冲杀进来，燕军死伤无数。骑劫也在乱军中被杀，燕军一败涂地。齐军乘胜追击，收复七十余城，使齐国转危为安。

第三十计　反客为主

解析

"反客为主"，用在军事上，是指在战争中要努力变被动为主动，争取掌握战争主动权的谋略。要尽量想办法控制敌方的首脑机关或者要害部位，抓住有利时机，兼并或者控制他人。古人使用本计，多是对于盟友的。往往是借援助盟军的机会，先站稳脚跟，然后步步为营，取而代之。

袁绍和韩馥，应当是一对盟友，当年曾经共同讨伐过董卓。后来，袁绍势力渐渐强大，总想不断扩张。袁绍屯兵河内，缺少粮草，十分犯愁。老友韩馥知道情况之后，主动派人送去粮草，帮袁绍解决供应困难。

袁绍觉得等待别人送粮草，不能够解决根本问题。他听了谋士逢纪的劝告，决定夺取粮仓冀州。而当时的冀州牧正是老友韩馥，袁绍已顾不了那么多了，马上下手，实施他的锦囊妙计。

袁绍首先给公孙瓒写了一封信，建议公孙瓒与他一起攻打冀州。公孙瓒早就想找个由头儿攻占冀州，这个建议，正中下怀。公孙瓒立即下令，准备发兵攻打冀州。

袁绍又暗地派人去见韩馥，说：公孙瓒打算和袁绍联合攻打冀州，冀州难以自保。袁绍过去不是你的老朋友吗？最近你不是还给他送过粮草吗？你何不联合袁绍，对付公孙瓒呢？让袁绍进城，冀州不就保住了吗？

韩馥只得邀请袁绍带兵进入冀州。这位请来的客人，表面上尊重韩馥，实际上却逐渐将自己的部下安插进了冀州的要害部位。这时，韩馥恍然大悟，他这个"主"被"客"取而代之了。为了保全性命，韩馥只得只身逃出冀州去了。

又一例

唐朝有个叛将，名字叫仆固怀恩。他煽动吐蕃和回纥两国联合出兵，进犯中原。两国的联军三十万，一路连战连捷，直逼泾阳。泾阳的守将是唐朝著名将军郭子仪，他是奉命前来平息叛乱的，这时他只有一万余名精兵。面对漫山遍野的敌人，郭子仪知道形势十分严峻。

正在这个时候，仆固怀恩病死了。吐蕃和回纥就失去了中间联系和协调的人物。双方都想争夺指挥权，矛盾逐渐激化。两军各驻一地，互不联系往来。吐蕃驻扎东门外，回纥驻扎西门外。

郭子仪想到何不乘机分化这两支军队？他在安史之乱时，曾和回纥将领并肩作战，对付过安禄山。这种老关系何不利用一下呢？他秘密派人前往回纥营中转达郭子仪想与过去并肩作战的老友叙叙情谊。回纥都督药葛罗也是个重视旧情的人，听说郭子仪就在泾阳，十分高兴。但是，药葛罗说："除非郭老令公亲自让我们见到，我们才会相信。"郭子仪听到汇报，决定亲赴回纥营中，会见药葛罗，并乘机说服他们不要和吐蕃联合反唐。将士们生怕回纥有诈，不让郭子仪前去。郭子仪说："为国家，我早已把生死置之度外了！我去回纥营中，如果能谈得成，这一仗就打不起来了，天下从此太平，有什么不好？"他拒绝带卫队保卫，只带少数随从，便到回纥营去了。

药葛罗见郭子仪来了，非常高兴，便设宴招待郭子仪，他们谈得十分亲热。酒酣耳热之时，郭子仪说道："大唐、回纥关系很好，回纥在平定安史之乱时立了大功，大唐也没有亏待你们呀！今天怎么会和吐蕃联合进犯大唐呢？吐蕃是想利用你们与大唐作战，他们好乘机得利。"药葛罗愤然说道："老令公说得有理，我们是被他们骗了！我们愿意和大唐一起，攻打吐蕃。"双方马上立誓联盟。

吐蕃得到报告，觉得形势骤变，与己不利，他们连夜准备拔寨撤兵。郭子仪与回纥合兵追击，击败了吐蕃的十万大军。从此很长一段时期，边境无事。

第三十一计　美人计

解析

美人计，即对于用军事行动难以征服的敌方，要使用"糖衣炮弹"，先从思想意志上打败敌方的将帅，使其内部丧失战斗力，然后再行攻取。

现代战争中，甚至政治争斗中，都不乏使用美人计的例子。现代美人计有强烈的现代色彩，多采用间谍的方式，利用金钱贿赂，利用美人诱惑，方式变化多端，不可丧失警惕。

典故

西施，名夷光，越国人，春秋时期出生于浙江诸暨苎萝村。父亲以在苎萝山上砍柴为生。苎萝山下有东、西两个村子，西施家住西村，因为村子里的人大都姓施，所以有了"西施"的称谓，意思是西村姓施的女孩子。

春秋末期，各诸侯国称雄，吴国和越国开战，结果越军大败，越国国王勾践向吴国国王夫差乞降。吴王夫差不听大夫伍子胥"杀掉勾践，以绝后患"的劝告，却采纳被越王买通的权臣的主张，允许越国投降。把勾践夫妇和越国大夫范蠡囚禁在姑苏虎丘，为夫差养马。勾践君臣含垢忍辱，装得非常恭顺，夫差以为他们已真心臣服，3年后就把他们放回了越国。

勾践安全回到越国后，立志复国，卧薪尝胆，励精图治。经过"十年生聚，十年教训"，越国逐渐强盛起来，一心要打败吴国，但是，当时越国的军事实力远远不敌吴国。勾践在训练军队、发展农业的同时，对吴王夫差实施了历史上著名的"美人计"。

范蠡按照越王勾践的要求，在民间寻觅美女。担任这个重要历史任务的美女，不仅要美丽过人，而且要胆量过人，机智过人。经过千挑万选，范蠡选定了西施和郑旦。当时范蠡和西施一见面，西施的美貌与纯真便打动了范蠡，而西施对这位气度不凡的将军也是一见倾心。范蠡向西施说明了选美的原委，西施被范蠡的那份爱国热情感染了，表示愿意担此重任。

勾践亲自接见了西施和郑旦，并让人教她们习歌舞、化妆和礼仪，让人为她们讲解历史、时局和权谋。勾践还亲自给西施面授机宜，交代了三件大事：使夫差沉湎于酒色之中，荒其国政；怂恿夫差对外用兵，耗其国力；离间夫差和伍子胥，去其忠臣。过了3年，西施终于"过关"，于是范蠡将西施等送往吴国。

好色成性的吴王见了西施，自然十分欢喜。伍子胥认为这是"美人计"，苦心劝谏，夫差却充耳不闻，立刻将西施纳入后宫。

西施聪明伶俐，颇具爱国情怀，时刻牢记自己来到吴国的政治使命，她用尽浑身解数让吴王宠爱她并听信她的话，夫差果然对她宠幸有加。

吴王夫差对西施是越来越喜爱，而西施时刻想着怎样让吴王高兴，怎样让吴王把更多的心思放在自己身上，好让吴王能成无道之君，荒废国事。庆幸的是，西施有一个得力的助手伯嚭。伯嚭是吴国的大夫，为人奸诈贪婪，却深得吴王宠信。越国利用伯嚭的弱点，经常给他送些金银珠

品『三十六计』，学历史

183

宝,有时也给他送美女,因而他对越国也是死心塌地,与西施两个一道说越国的好话。

夫差自从得了西施,就一直住在姑苏台,一年四季享乐游玩,已经不理政事。朝中大臣有劝谏的,都被他或训斥,或驱逐,或罢官,于是大家渐渐也就不敢说了。只有老臣伍子胥,见吴王如此无道,就在姑苏台下进谏劝阻,但吴王还是不理。伍子胥觉得吴王如此势必取祸,劝谏又不听,于是称有病不再上朝。

当时,越国在勾践的治理整顿下,国力日益增强,军队也已训练有素。吴王夫差感到不安,想要征伐越国,被伯嚭巧言阻挠。

后来齐国与吴国关系恶化,夫差想要攻打齐国。伍子胥认为,越国才是心腹大患,不宜远征齐国。但伯嚭却力主攻打齐国,并保证出师必捷。

一向与伍子胥有矛盾的伯嚭置国家安危于不顾,乘机挑拨吴王和伍子胥之间的矛盾。结果吴王将伍子胥赐死,提拔伯嚭为相国,还要给越国增加封地,被勾践谢绝了。正如后人所说:"吴之亡,应由昏君夫差、奸佞伯嚭负责。"

公元前482年夏初,越国伐吴,大获全胜。

西施的结局有两种说法:一是说她感觉已为国尽忠,但夫差对她百般疼爱确实出自真心,在与他相处的日子里,西施越来越感觉他的好,到完成任务的时候,她发觉自己已真正地爱上了夫差,而战争又让她失去了夫差。回到范蠡身边,她已不爱范蠡了,也无颜见范蠡,同时深感对不起夫差,于是投湖自尽;一是范蠡找到了她,两人泛舟五湖,成了一对神仙眷侣。在《吴地记》中记述有关范蠡与西施在越国破吴后破镜重圆、泛湖而去以及其他有关他们的结局的不同说法。相传范蠡、西施曾寓居宜兴,今

边玩边学历史

天的蠡墅就是他们当年居住过的地方，而江苏一些地方的"施荡桥"、"西施荡"等名称也都与西施有关。

又一例

汉献帝九岁登基，朝廷由董卓专权。董卓为人阴险，滥施杀戮，并有谋朝篡位的野心。满朝文武，对董卓又恨又怕。

司徒王允，十分担心，朝廷出了这样一个奸贼，不除掉他，朝廷难保。但董卓势力强大，正面攻击，还无人斗得过他。董卓有一义子，名叫吕布，骁勇异常，忠心保护董卓。

王允观察这"父子"二人，狼狈为奸，不可一世，但有一个共同的弱点：皆是好色之徒。何不用"美人计"，让他们互相残杀，以除奸贼？

王允府中有一歌女，名叫貂蝉。这个歌女，不但色艺俱佳，而且深明大义。王允向貂蝉提出用美人计诛杀董卓的计划。貂蝉为感激王允对自己的恩德，决心牺牲自己，为民除害。

在一次宴会上，王允主动提出将自己的"女儿"貂蝉许配给吕布。吕布见这一绝色美人，喜不自胜，十分感激王允。二人决定选择吉日完婚。第二天，王允又请董卓到家里来，席间，命貂蝉献舞。董卓一见貂蝉，馋涎欲滴。王允说："太师如果喜欢，我就把这个歌女奉送给太师。"董卓假意推让一番，最后高兴地把貂蝉带回府中去了。

吕布知道后大怒，当面斥责王允。王允编出一番巧言哄骗吕布。他说："太师要看看自己的儿媳妇，我怎敢违命！太师说今天是良辰吉日，决定带回府去与将军成亲。"吕布信以为真，等待董卓给他办喜事。过了几天没有动静，再一打听，原来董卓已把貂蝉据为己有。吕布一时也没了主意。

一日董卓上朝，忽然不见身后的吕布，心生疑虑，马上赶回府中。在后花园凤仪亭内，董卓看见吕布与貂蝉抱在一起，顿时大怒，便用戟朝吕布刺去。吕布用手一档，没能击中，董卓继而怒气冲冲地离开了太师府。原来，吕布与貂蝉私自约会，貂蝉按王允之计，挑拨他们父子的关系。

　　王允见时机成熟，邀吕布到密室商议。王允大骂董贼强占了女儿，夺去了将军的妻子，实在可恨。吕布咬牙切齿，说："不是看我们是父子关系，我真想宰了他。"王允忙说："将军错了，你姓吕，他姓董，算什么父子？再说，他抢占你的妻子，用戟刺杀你，哪里还有什么父子之情？"吕布说："感谢司徒的提醒，不杀老贼誓不为人！"王允见吕布已下定决心，他立即假传圣旨，召董卓上朝受禅。董卓耀武扬威，进宫受禅。不料吕布突然一戟，直穿董卓咽喉。奸贼已除，朝廷内外，人人拍手称快。

第三十二计　空城计

解析

　　空城计，是一种心理战。在己方无力守城的情况下，故意向敌人暴露我城内空虚，就是所谓"虚者虚之"。敌方产生怀疑，更会犹豫不前，就是所谓"疑中生疑"。敌人怕城内有埋伏，怕陷进埋伏圈内。但这是悬而又悬的"险策"。使用此计的关键，是要清楚地了解并掌握敌方将帅的心理状况和性格特征，切不可轻易出此险招。况且，此计多数情况下，只能当作缓兵之计，还得防止敌人卷土重来。所以还必须有实力与敌方对抗，要救危局，还是要凭真正实力。

典故

春秋时期，楚国的令尹公子元，在他哥哥楚文王死了之后，非常想占有漂亮的嫂子文夫人。公子元用各种方法去讨好文夫人，但都无动于衷。于是他想建立功业，显显自己的能耐，以此讨得文夫人的欢心。

公元前666年，公子元亲率兵车六百乘，浩浩荡荡，攻打郑国。楚国大军一路连下几城，直逼郑国国都。郑国国力较弱，都城内更是兵力空虚，无法抵挡楚军的进犯。

郑国危在旦夕，群臣慌乱，有的主张纳款请和，有的主张拼一死战，有的主张固守待援。这几种主张都难解国之危。上卿叔詹说："请和与决战都非上策。固守待援，倒是可取的方案。郑国和齐国订有盟约，而今有难，齐国会出兵相助。只是空谈固守，恐怕也难守住。公子元伐郑，实际上是想邀功图名讨好文夫人。他一定急于求成，又特别害怕失败。我有一计，可退楚军。"

郑国按叔詹的计策在城内做了安排：命令士兵全部埋伏起来，不让敌人看见一兵一卒。令店铺照常开门，百姓往来如常，不准露一丝慌乱之色。并大开城门，放下吊桥，摆出完全不设防的样子。

楚军先锋到达郑国都城城下，见此情景，心里起了怀疑，莫非城中有了埋伏，诱我中计？不敢妄动，等待公子元。公子元赶到城下，也觉得好生奇怪。他率众将到城外高地眺望，见城中确实空虚，但又隐隐约约看到了郑国的旌旗甲士。公子元认为其中有诈，不能贸然进攻，于是先派人进城探听虚实，按兵不动。

这时，齐国接到郑国的求援信，已联合鲁、宋两国发兵救郑。公子元闻报，知道三国兵到，楚军定不能胜。好在也打了几个胜仗，还是赶快撤退为妙。他害怕撤退时郑国军队会出城追击，于是下令全军连夜撤走，人衔枚，马裹蹄，不出一点声响。所有营寨都不拆走，旌旗照旧飘扬。

第二天清晨，叔詹登城一望，说道："楚军已经撤走。"众人见敌营旌旗招展，不信已经撤军。叔詹说："如果营中有人，怎会有那样多的飞鸟盘旋上下呢？他也用空城计欺骗了我，急忙撤兵了。"这就是中国历史上第一个使用空城计的战例。

又一例

三国时期，诸葛亮因错用马谡而失掉战略要地——街亭，魏将司马懿乘势引大军15万向诸葛亮所在的西城蜂拥而来。当时，诸葛亮身边没有大将，只有一班文官，所带领的5000名士兵，也有一半运粮草去了，只剩2500名士兵在城里。众人听到司马懿带兵前来的消息都大惊失色。诸葛亮登城楼观望后，对众人说："大家不要惊慌，我略用计策，便可教司马懿退兵。"

于是，诸葛亮传令，把所有的旌旗都藏起来，士兵原地不动，如果有私自外出以及大声喧哗的，立即斩首。又叫士兵把四个城门打开，每个城门之上派20名士兵扮成百姓模样，洒水扫街。诸葛亮自己披上鹤氅，戴上高高的纶巾，领着两个小书童，带上一张琴，到城上望敌楼前凭栏坐下，燃起香，然后慢慢弹起琴来。

司马懿的先头部队到达城下，见了这种气势，都不敢轻易入城，便急忙返回报告司马懿。司马懿听后，笑着说："这怎么可能呢？"于是便令三军停下，自己飞马前去观看。离城不远，他果然看见诸葛亮端坐在城楼上，笑容可掬，正在焚香弹琴。左面一个书童，手捧宝剑；右面也有一个书童，手里拿着拂尘。城门里外，20多个百姓模样的人在低头洒扫，旁若无人。司马懿看后，疑惑不已，便来到中军，令后军充作前军、前军充作后军撤退。他的二子司马昭说："莫非是诸葛亮家中无兵，所以故意弄出这个样子来？父亲您为什么要退兵呢？"司马懿说："诸葛亮一生谨慎，不曾冒险。现在城门大开，里面必有埋伏，我军如果进去，正好中了他们的计。还是快快撤退吧！"于是各路兵马都退了回去。

第三十三计　反间计

解析

　　反间计，就是巧妙地利用敌人的间谍反过来为我所用。采用反间计的关键是"以假乱真"，造假要造得巧妙，造得逼真，才能使敌人上当受骗，信以为真，作出错误的判断，采取错误的行动。

典故

　　三国时期，赤壁大战前夕，曹操率领号称的八十三万大军，准备渡过长江，占据南方。当时，孙刘联合抗曹，但兵力比曹军要少得多。

　　曹操的队伍都由北方骑兵组成，善于马战，不善于水战。正好有两个精通水战的降将蔡瑁、张允可以为曹操训练水军。曹操把这两个人当作宝贝，优待有加。一次东吴主帅周瑜见对岸曹军在水中排阵，井井有条，十分在行，心中大惊。他想一定要除掉这两个心腹大患。

曹操一贯爱才，他知道周瑜年轻有为，是个军事奇才，很想拉拢他。曹营谋士蒋干自称与周瑜曾是同窗好友，愿意过江劝降。曹操当即让蒋干过江说服周瑜。

周瑜见蒋干过江，心生一计。他热情款待蒋干，酒席筵上，周瑜让众将作陪，炫耀武力，并规定只叙友情，不谈军事，堵住了蒋干的嘴巴。

周瑜佯装大醉，约蒋干同床共眠。蒋干见周瑜不让他提及劝降之事，心中不安，哪里能够入睡。他偷偷下床，见周瑜案上有一封信。他偷看了信，原来是蔡瑁、张允写来，约定与周瑜里应外合，击败曹操。这时，周瑜说着梦话，翻了翻身子，吓得蒋干连忙上床。过了一会儿，忽然有人要见周瑜，周瑜起身和来人谈话，还装作故意看看蒋干是否睡熟。蒋干装作沉睡的样子，只听周瑜他们小声谈话，听不清楚，只听见提到蔡瑁、张允二人。于是蒋干对蔡瑁、张允二人和周瑜里应外合的计划确认无疑。

蒋干连夜赶回曹营，让曹操看了（周瑜伪造的）信件，曹操顿时火起，杀了蔡瑁、张允。等曹操冷静下来，才知中了周瑜反间之计，但也无可奈何了。

一边玩边学历史

第三十四计　苦肉计

解析

按照常理，人不会伤害自己，要是受到某种伤害，一定是某种自己无法抗争的力量导致的。利用好这样的常理，自己伤害自己，以蒙骗他人，从而达到预先设计好的目标，这种做法，称为苦肉计。

苦肉计，不仅用于战争之中，还广泛地见于社会生活的各个领域。在现代经商活动中，经营者利用"苦肉计"，对自己不合格产品集中进行销毁，用以引起广大群众的注意，树立自己企业的良好形象，为下一步赚回更多的钱而埋下伏笔，是非常可取之计。

典故

周瑜打黄盖——一个愿打，一个愿挨。这已是尽人皆知的故事了。两人事先商量好了，假戏真做，自家人打自家人，骗过曹操，诈降成功，火烧了曹操八十三万兵马。

又一例

南宋时，金兵南侵，金兀术与岳飞在朱仙镇摆开决战的战场。金兀术有一义子，名叫陆文龙，十六岁，英勇过人，是岳家军的劲敌。陆文龙本是宋朝潞安州节度使陆登的儿子，金兀术攻陷潞安州，陆登夫妻双双殉国。金兀术将还是婴儿的陆文龙和奶娘掳至金营，收为义子。陆文龙对自己的家世完全不知。

一日，岳飞正在思考破敌之策，忽见部将王佐进帐。岳飞看见王佐脸色蜡黄，右臂已被斩断（已敷药包扎），大为惊奇，忙问发生了什么事。原来王佐打算只身到金营，策动陆文龙反金。为了让金兀术不猜疑，才采取断臂之计。岳飞十分感激，泪如泉涌。

王佐连夜到金营，对金兀术说道："小臣王佐本是杨么的部下，官封车胜侯。杨么失败我只得归顺岳飞。昨夜帐中议事，小臣进言，金兵二百万，实难抵挡，不如议和。岳飞听了大怒，命人斩断我的右臂，并命我到金营通报，说岳家军即日要来生擒狼主，踏平金营。臣要是不来，他要斩断我的另一只臂。因此，我只得哀求狼主。"金兀术同情他，叫他"苦人儿"，把他留在营中。王佐利用能在金营自由行动的机会，接近陆文龙的奶娘，说服奶娘，一同向陆文龙讲述了他的身世。陆文龙知道了自己的身世后，决心为父母报仇，诛杀金贼。王佐奉劝他不可造次，要伺机行动。

金兵此时运来一批轰天大炮，准备深夜轰击岳家军营，幸亏陆文龙用箭书报了信，使岳军免受损失。当晚，陆文龙、王佐、奶娘投奔宋营。王佐断臂，终于使猛将陆文龙回到宋朝，立下了战功。

第三十五计　连环计

解 析

两个以上的计策连用，称连环计。而有时并不见得要看用计的数量，而要重视用计的质量，"使敌自累"之法，可以看作战略上让敌人背上包袱，使敌人自己牵制自己，让敌人战线拉长，兵力分散，为我军集中兵力，各个击破创造有利条件。这也是"连环计"在谋略思想上的反映。用计重在有效果，一计不成，又出多计，在情况变化时，要相应再出计，这样才会使对方防不胜防。

 典故

东汉末年，太师董卓专权，朝野上下敢怒不敢言。正直的大臣们都想除掉他，但又苦于无好计可施。司徒王允深夜独自到花园，望着天空一轮明月，心想着国家大事，不觉潸然泪下，他忽然听见牡丹亭处有人长叹，走过去一看，原来是家中十六岁的美丽歌女貂蝉。问她为何长叹，貂蝉跪道："我自入府，大人待我恩重如山，我不知如何报答才好。最近见大人总是愁眉不展，一定是有难办的大事，但又不敢问，故而长叹，如果我能为大人分忧就好了。"王允一听，猛然醒悟，说："没想到汉朝天下，竟在一个女子手中啊！"王允把貂蝉领到亭内，跪在地上给貂蝉叩头。貂蝉忙问："大人，你这是干什么？有用我之处，尽管吩咐。"王允见貂蝉十分坚决，就说："董卓和吕布都是好色之徒。我收你为义女，先把你许给吕布为妻，然后再献给董卓为妾，你在他们二人之间周旋，见机行事，挑拨离间。设法让吕布杀掉董卓，以保住汉朝江山。"貂蝉听后，满口答应，并发誓说："如果我不按大人说的去做，不报大义，我当被乱刀砍死！"这就是王允和貂蝉共同定下的连环计，最后除掉了董卓。

第三十六计　走为上

解析

敌方已占优势，我方不能战胜它，为了避免与敌人决战，只有三条出路：投降，讲和，撤退。三者相比，投降是彻底失败，讲和也是一半失败，而撤退不能算失败。撤退，可以转败为胜。当然，撤退决不是消极逃跑，撤退的目的是避免与敌主力决战。主动撤退还可以诱敌，调动敌人，制造有利的战机。总之退是为进。因此，走为上，指敌我力量悬殊的不利形势下，采取有计划的主动撤退，避开强敌，寻找战机，以退为进。这在谋略中也是上策。

典故

春秋初期，楚国日益强盛，楚将子玉率师攻晋。楚国还胁迫陈、蔡、郑、许四个小国出兵，配合楚军作战。此时晋文公刚攻下依附楚国的曹国，明知晋楚之战迟早不可避免。

子玉率部浩浩荡荡向曹国进发，晋文公闻讯，分析了形势。晋文公对这次战争的胜败没有把握，楚强晋弱，他决定暂时后退，避其锋芒。晋文公对外假意说道："当年我被迫逃亡，楚国先君对我以礼相待。我曾与他有约定，将来如我返回晋国，愿意两国修好。如果迫不得已，两国交兵，我定先退避三舍。现在，子玉伐我，我当实行诺言，先退三舍。（古时一舍为三十里）"

晋文公撤退九十里，已到晋国边界城濮，仗着临黄河，靠太行山，足以御敌。并派人往秦国和齐国求助。

子玉率部追到城濮，晋文公早已严阵以待。晋文公已探知楚国左、中、右三军，以右军最薄弱，右军前头为陈、蔡士兵，他们本是被胁迫而来，并无斗志。子玉命令左右军先进，中军继之。楚右军直扑晋军，晋军忽然又撤退，陈、蔡军的将官以为晋军惧怕，又要逃跑，就紧追不舍。忽然晋军中杀出一支军队，驾车的马都蒙上了老虎皮。陈、蔡军的战马以为是真虎，吓得乱蹦乱跳，转头就跑，骑兵哪里控制得住。楚右军大败。晋文公派士兵假扮陈、蔡军士，向子玉报捷："右师已胜，元帅赶快进兵。"子玉登车一望，晋军后方烟尘蔽天，他大笑道："晋军不堪一击。"其实，这是晋军诱敌之计，他们在马后绑上树枝，来往奔跑，故意弄得烟尘蔽日，制造假象。子玉急命左军并力前进。晋军上军故意打着帅旗，往后撤退。楚左军又陷于晋国伏击圈，又遭歼灭。等子玉率中军赶到，晋军三军合力，已把子玉团团围住。子玉这才发现，右军、左军都已被歼，自己已陷重围，急令突围。虽然他在猛将成大心的护卫下，得以逃脱，但部队伤亡惨重，只得悻悻回国。

这个故事中晋文公的几次撤退，都不是消极逃跑，而是主动退却，寻找或制造战机。所以，"走"，是上策。

 又 一 例

再说一个城濮大战之前，楚国吞并周围小国日益强盛的故事。

楚庄王为了扩张势力，发兵攻打庸国。由于庸国奋力抵抗，楚军一时难以推进。庸国在一次战斗中还俘虏了楚将杨窗。但由于庸国疏忽，三天后，杨窗竟从庸国逃了回来。杨窗报告了庸国的情况，说道："庸国人人奋战，如果我们不调集主力大军，恐怕难以取胜。"

　　楚将师叔建议用佯装败退之计，以骄庸军。于是师叔带兵进攻，开战不久，楚军佯装难以招架，败下阵来，向后撤退。像这样一连几次，楚军节节败退。庸军七战七捷，不由得骄傲起来，更不把楚军放在眼里。庸军军心麻痹，斗志渐渐松懈，戒备渐渐失去了。

　　这时，楚应王率领增援部队赶来，师叔说："我军已七次佯装败退，庸人已十分骄傲，现在正是发动总攻的大好时机。"楚庄王下令兵分两路进攻庸国。庸国将士正陶醉在胜利之中，怎么也不会想到楚军突然杀回，仓促应战，抵挡不住。楚军一举消灭了庸国。师叔七次佯装败退，是为了制造战机，一举歼敌。

边玩边学

历史